区域经济发展理论与实践研究

刘丽娟 ◎ 著

中国原子能出版社
China Atomic Energy Press

图书在版编目（ＣＩＰ）数据

区域经济发展理论与实践研究 / 刘丽娟著. --
北京 :中国原子能出版社, 2020.10　(2021.9重印)
　　ISBN 978-7-5221-0964-0

　　Ⅰ.①区… Ⅱ.①刘… Ⅲ.①区域经济发展—研究—
中国 Ⅳ.①F127

　　中国版本图书馆CIP数据核字(2020)第192078号

区域经济发展理论与实践研究

出　　版	中国原子能出版社(北京市海淀区阜成路43号 100048)	
责任编辑	蒋焱兰 (邮箱:ylj44@126.com　QQ:419148731)	
特约编辑	刘相同　刘　丹	
印　　刷	三河市南阳印刷有限公司	
经　　销	全国新华书店	
开　　本	787mm×1092mm　1/16	
印　　张	12.5	
字　　数	200千字	
版　　次	2020年10月第1版　2021年9月第2次印刷	
书　　号	ISBN 978-7-5221-0964-0	
定　　价	45.00元	

出版社网址:http://www.aep.com.cn　E-mail:atomep123@126.com
发行电话:010-68452845　　　　版权所有　侵权必究

前　言

　　区域经济是整个国民经济的一个重要组成部分,它在国民经济和社会发展中的战略地位十分突出。特别像我们这样一个人口众多、资源多样、幅员辽阔的大国,如何根据各区域的资源禀赋特征和社会经济基础,组织有效而又合理的分工协作,促进区域经济协调发展,实现国民经济的良性循环,是一个非常重要的经济和政治问题。

　　进入21世纪以来,区域经济发展和区际关系协调已成为社会共同关注的核心问题。"西部大开发战略""统筹区域发展""振兴东北等老工业基地发展战略""京津冀协同发展""粤港澳大湾区"等概念频繁被提起,各级地方政府也将发展区域经济作为头等大事,足以见区域经济的发展对于整个国民经济发展水平提升的重要意义。

　　本书通过对区域经济及与区域经济发展的相关经济基础理论的分析,论述了区域经济的基本问题;从经济地域综合体、区域分工和比较优势、产业集群与区域发展、区域人力资本、经济区与区域管辖等方面分析了区域经济发展的区位条件;从区域经济的发展模式、发展战略、改革探索等方面详细介绍了区域经济发展的内容。在实践研究方面,从国内目前关于区域经济的研究热点问题方面入手,分析了中国特色区域经济新发展的内容和特色,并结合京津冀、长三角、珠三角、东北老工业基地等地区的发展实践,详细论述了目前区域经济在我国的发展与实践。

　　本书研究的起点和终点均是实现区域经济发展。经济基础决定上层建筑,一个国家要想发展,一个民族要想屹立于世界民族之林,就要不断发展经济。区域经济的发展不仅是一个十分重要的理论问题,也是一个关系国民持续稳定发展以及社会安定和民族团结的重大现实问题。

目 录

第一章 绪论

第一节 区域经济的概念及内涵

一、区域的概念及其内涵

(一)区域概念的界定

不同的学科对区域的含义有着不同的回答。地理学把区域定义为地球表壳的地域单元,是按地球表面自然地理特征划分的,并且具有可重叠性和不遗漏性;政治学将区域看作是国家管理的行政单元,并且具有可量性和层次性;社会学视区域为具有相同语言、相同信仰和民族特征的人类社会聚落,按语言、信仰、民族等特征来划分。经济学中关于区域的概念没有统一的定义,具有代表性的说法有如下几种。

第一,区域是基于描述、分析、管理、计划或制定政策等目的而作为一个应用性整体加以考虑的一片地区。它可以按照内部的同质性或功能一体化原则划分。

第二,经济区域(区域)是指一国范围内在经济上具有同质性或内聚性、具有一定的共同利益,经济结构较为完整且,在全国专业化分工中分担一定职能的地域空间。

第三,所谓区域,应该是这样的一种经济区域,即它是人的经济活动所造就的、具有特定的地域构成要素的不可无限分割的经济社会综合体。

第四,经济学的区域概念就是区域经济学的区域概念,它在地理学和政治学关于区域概念的基础上,还要考虑某个地域空间的人口、经济、资源、环境、公共设施和行政管理等特点,是居民高度认同、地域完整、功能明确、内聚力强大的经济地域单元。

第五,经济区域是按人类经济活动的空间分布规律划分的一种区域类型,是指人类经济活动与具体时空条件紧密结合而形成的具有特定结构、功能和类型的相对完整的地理空间。在同一经济区域内,自然条件、资源和社会经济条件大致类似,经济发展水平和所处阶段大致相同,经济发展方向基本一致,表现为经济意义上的连续性和同类性。

（二）区域概念的基本内涵

第一,区域是一个空间的概念,同时也是有限的空间范围。人类的所有经济活动,不管它的发展处于何种阶段,不管是物质生产还是非物质的信息生产,最终都要落实在一定的区域空间,不同的只是坐落的方式和坐落的地点。从空间角度研究经济现象,正是区域经济学区别于其他经济学学科的根本所在。

第二,区域必须包括于某一主权国家的疆域内（有时可能相等）,中央政府对它拥有政治、经济方面的控制权,各级政府为该地区经济发展提供公共产品,通过各种经济政策来引导该区域的经济活动。正因为这样,区域间会存在政策上的差异性,而在区域内又具有政策上的一致性。

第三,区域在经济上尽可能是一个完整的地区。这种完整,是指区域能够独立生存和发展,具有完整的经济结构,能够独立地组织与其他区域的经济联系。为此,区域不但要有三次产业组成的经济循环系统,还应当有一个能够组织和协调区域经济活动的中心城市存在,作为区域经济的核心。

第四,任一区域在全国或更高级的区域系统中担当某种专业化分工的职能。不同地区资源禀赋不同,发展水平也有差异。这种区内的同质性与区间的差异性,表现为一种区际之间的分工与专业化。这样,不同区域间以分工与专业化为基础结成密切经济联系,就构成了一国的国民经济体系[1]。

二、区域经济的基本内涵

区域是一个特定的地域空间概念,具有特定的地理空间范围,可以泛指大到整个地球或几个国家形成的地域,小至一个特定的地域范围,比如一个县、乡、村或者一个工业区、开发区等。一些学科从不同的角度对区域特点进行了一些不同的描述,如地理学认为,区域是地球表面的地

---

①丁生喜. 区域经济学通论[M]. 北京:中国经济出版社,2018.

域单元；社会学认为，区域是具有共同语言、共同信仰和民族特征的人类社会群落；行政学认为，区域是国家管理的行政单元等。按照张敦富等学者的看法，区域具有地域性、内在整体性、区域界限的客观性与模糊性、综合性和开放性等特征。

区域经济是指在一定区域范围内展开的各种经济活动的总和，区域经济强调的是产业结构的合理性和空间布局的优化。一些学者认为，区域经济是特定区域的经济体系，是由各种地域构成要素和经济发展要素有机结合、多种经济活动相互作用所形成的、具有特定结构与功能的经济系统。由于区域经济具有自然条件的差异性、经济活动的不完全可分性和空间距离的不可灭性，形成了区域经济存在和发展的客观基础。

经济区域与行政区域是具有不同内涵的两个区域概念，两者既有同一性，又有矛盾性，但都能对区域的发展产生重大影响。行政区域是一个国家为进行分级管理而划分的区域，许多行政区域在长期的历史过程中形成和延续下来的，具有特定的行政管辖范围、行政区域级别和行政区域中心等，是一个与其政府管理级别相对应的政治、经济、社会综合体。

经济区域作为区域经济的地域空间载体，需要具备三大构成要素：经济中心、经济腹地、经济网络。经济中心主要是区域性中心城市，它具有层次性、选择性和等级性特征，而并非地理几何中心。经济腹地是经济区域赖以存在的基础，是区域经济地域运动格局的"底盘"，它载负着具有内在联系的经济运动，且这些运动具有指向共同经济中心的一定的地域范围的特点。经济网络是经济区域中维系经济中心和经济腹地的有形或无形的联系渠道。经济中心正是通过经济网络向经济腹地辐射能量，同时经济腹地向经济中心聚集能量。这种辐射、聚集效应的发挥推动了区域经济的不断发展。

第二节 区域经济的构成要素和特征

一、经济区域的构成要素

经济区域同其他区域的一个重要区别，是它具有自身特定的三大构成要素:经济中心、经济腹地和经济网络。无论是什么类型的经济区域,这三大要素都是缺一不可的。

(一)经济中心

经济中心是经济区域三大构成要素的核心,经济中心的形成,是区域由一般的自然区或行政区发展为经济区域的重要标志。城市作为区域的经济中心,是市场经济条件下区域经济空间聚集运动的结果。区域的经济中心是多层次的,在不同的地域范围内,城市的聚集力不同,城市的经济吸引或辐射力也就不同,从而形成多等级、多层次的经济中心。区域经济中心并不一定是区域的地理几何中心,而是区域经济活动的中心。

(二)经济腹地

经济腹地是经济区域三大构成要素的基础。经济腹地是经济中心影响和辐射所及的地域范围,没有经济腹地,就不会有经济中心,也就没有区域经济的存在。

(三)经济网络

经济网络是一种非常宽泛的概念,它不仅表示经济发展的地域联系,而且还表示这种联系的各种依托。经济网络可以表现为经济联系的渠道,这种渠道的物质构成是交通运输网络和邮电通信网络等。经济网络还可以表现为经济联系的系统,这种系统的基本构成是经济中心与经济腹地之间有序的经济交往和信息交往。经济网络还可以表示经济联系的组织。这种组织的基本构成是经济中心和经济腹地之间所形成的具有内在联系的产业结构,以及与此相关的市场的贯通和技术的推移等。

二、区域经济的特征

区域经济是特定区域的经济活动和经济关系的总和。如果我们把全国的国民经济看作是一个整体,那么区域经济就是这个整体的一部分,是国民经济整体不断分解为它的局部的结果。我们把国家宏观经济管理职能下按照地域范围划分的经济实体及其运行,都看作是区域经济的运行。区域经济具有五大鲜明的特征[①]。

---

① 孙久文.区域经济学[M].北京:首都经济贸易大学出版社,2017.

（一）中观性

区域经济是一种承上启下，并具有区域自身特点的中间性、非均衡性经济，是一种介于宏观经济（国民经济）和微观经济（企业经济）之间的中观性经济。

（二）区域性

一个国家国民经济的发展，不论是农业、工业的发展还是服务业的发展，都要落实到一定的区域，并受该区域的自然条件、社会经济条件的影响。各区域的不同特点和区域客观情况使区域经济呈现出强烈的区域性特点。区域性是区域经济最基本、最显著的特征。

（三）差异性

不同区域所具有的经济发展要素条件（如地理位置、自然资源与自然条件、社会经济条件等）总是各不相同，这种差异性实质上反映了各区域经济的优势和劣势，也是决定区域经济发展不平衡的一个重要医素。

（四）开放性

一方面，与国家经济相比，区域经济一般在社会制度、经济体制、经济运行规则和货币制度等方面是一致的，没有国家之间常有的关税、进口配额、移民限制等人为障碍，因而具有更大的开放性。另一方面，区域经济是一种充分承认并利用不同区域所具有的各种经济要素及其程度上的差异，注重区域间经济交往的开放式经济。区域经济还具有不断强化自身输出、输入功能和扩张功能的作用，推动生产要素流向更高层次发展，进而促进不同区域经济相互补充、协调发展。

（五）独立性

区域经济是一个相对独立而内部又有着密切联系的有机系统，区域经济活动具有一定的自组织特点。尽管任何区域的经济发展战略都必须受制于整体国民经济的发展战略，并为国民经济发展战略服务，但也必须注重能动地发挥本区域优势，扬长避短，也必须为谋求本区域社会经济发展和居民福利服务。

第三节 区域经济发展的一般过程和发展阶段

一、区域经济发展的一般过程

纵观世界各国的区域经济,其发展既不是毫无波折的平衡增长过程,也不是一边倒的绝对非均衡增长过程。一般来讲,任何区域的经济发展都经历着一个"不平衡—平衡—新的不平衡—新的平衡"的循环往复的过程[①]。

(一)增长极出现和发达地区与落后地区分化阶段

增长点和增长极一般分布在大中城市、交通通讯沿线、资源聚集点或政治文化中心等地,一般也是一国或某区域的经济、政治、文化等活动中心,生产力发达,对周围地区有着强烈的极化效应和扩散效应。在增长点(极)涌现的过程中,次发达地区,特别是落后地区也就相应地出现了。不平衡的区域经济发展使发达地区和落后地区形成反差和分化。

(二)开发大城市或发达地区阶段

区域经济发展可能首先是对大城市或发达地区自身经济潜力的挖掘与开发,将其建设成为具有雄厚经济实力和强烈凝聚力的增长极,并对周边地区的经济发展产生辐射作用。但当它发展到一定程度时,就容易产生人口问题、产业聚集问题,以及交通拥堵、环境污染、生活质量下降等一系列问题,需要通过优化城市功能布局和产业结构、加速发展新兴产业和促进产业结构升级来强化扩散效应的影响。

(三)开发落后地区阶段

当发达地区和落后地区的差别越来越大,二元经济结构也愈来愈明显时,区域经济发展的主要矛盾开始由发展不够的矛盾转化为结构失衡的矛盾。此时,一方面要保证发达地区的持续高速发展;另一方面要加快对落后地区的开发,逐步缩小区域发展差异。

由此,完成了一个"由不平衡到相对平衡"的循环。在循环发展的过

[①]肖金成.区域经济70年:从均衡发展向协调发展的演进[N].21世纪经济报道,2019-10-01(003).

程中,新的经济增长点或增长极又开始涌现,又会出现新的不平衡,从而开始新一轮的"由不平衡到平衡"的循环,周而复始,就形成了区域经济发展的一般过程。

二、区域经济的基本阶段

区域经济的发展需要经历一个较长的历史过程,我们通过对不同区域的经济发展进程的观察和研究发现,区域经济的发展阶段与该区域的工业化、城市化发展阶段有着密切地联系,可以说区域经济的发展阶段与工业化、城市化的发展阶段在一定程度上基本一致,分为初级阶段、成长阶段和优化提升阶段。

一般来说,当该区域的经济处于自然经济状态或工业化发展的初级阶段时,由于区域内的经济发展水平低,区域经济中心及经济网络尚未形成,基础设施比较落后,产业发展和人口集聚能力有限,不具备打破行政区划来发展区域经济的能力。因此,这一阶段是区域经济发展的初级阶段,主要是以行政区的经济发展为主,特别是在中国的西部地区表现比较明显,如贵州的黔东南、铜仁地区和湖南的湘西地区等。

当该区域进入工业化中期或经济发展的起飞阶段时,区域产业和人口集聚显著加快,城市人口大幅度增加,以区域经济中心为核心及若干区域经济次中心为支撑的区域经济网络基本形成,并对周边区或产生较强的辐射带动作用,区域经济中心的扩展引起经济腹地的不断扩大。应该说此时该区域已进入具有打破行政区划、加快区域经济发展的成长阶段,这些地区主要为经济较发达的地区,如成渝经济区、长(长沙)株(株洲)潭(湘潭)城市群以及贵州的贵阳城市经济圈等地区。

当该区域进入工业化中后期阶段时,由于区域经济发达,产业和人口聚集程度较高,若干经济中心的不断扩展导致区域性的竞争增强,调整区域经济结构、推进资源整合、优化空间布局、协调区域分工、提高区域发展水平成为发展区域经济的重要手段。可以说这一阶段是区域经济发展的优化提升阶段,主要是通过统筹协调和推进区域经济的一体化发展来提升区域经济的竞争力,如我国的珠江三角洲、长江三角洲、京津冀等东部经济发达地区。

第四节 中国区域经济的发展趋势及特征

一、中国区域经济发展的基本趋势

改革开放以来,中国的区域经济格局发生了重大变化。20世纪80—90年代,中国急切需要在改革开放中加快经济发展,增强综合经济实力和提高国际地位,于是实施了区域经济梯度发展战略,加大了对东部地区经济发展的扶持,使中国东部地区经济快速发展,成为带动中国经济增长的引擎和增长极,同时也拉大了中国东、中、西部地区在经济社会发展上的差距。2000年,全国进入工业化中期和基本实现总体达到小康生活水平,而西部地区还基本处于工业化初期和由基本解决温饱向总体小康迈进的阶段。西部地区人均GDP和人均收入水平仅为东部地区的一半左右,西部地区的城镇化水平平均低于东部地区10个百分点以上。

进入21世纪,随着中国工业化和城市化的快速推进,全国的区域经济发展正在发生新的变化,人口和经济活动向城市群和大都市圈加速集聚,涌现出一批以城市群和产业经济带为重点的区域经济增长极,东部沿海地区仍然是拉动全国经济发展的龙头。其中,长江三角洲、珠江三角洲和京津冀等三大经济区域的生产总值占全国生产总值的比重达到40%。特别是长江三角洲和珠江三角洲地区,是全国经济发展最具活力、区域辐射带动能力最强的两个区域。与此同时,随着区域经济的发展和对外开放步伐的加快,胶东半岛城市圈、沈(沈阳)大(大连)城市圈、陇海—兰新经济带、京津—呼包银经济带、成渝经济区、北部湾经济区和中国—东盟自由贸易区等经济区域或经济板块已经或正在加快形成。

近年来,区域协调发展规划密集落地,我国已形成以西部、东北、中部、东部四大板块为基础,以京津冀协同发展、粤港澳大湾区、长三角区域一体化、长江经济带等重大区域战略为引领的区域发展模式。随着各大战略的不断推进,我国经济发展的空间结构正发生深刻变化,高质量区域经济布局逐渐明晰。多个区域增长活力正逐步释放,成为我国经济稳定发展的重要支撑。

根据相关研究,我国区域经济的发展将呈现以下特点或趋势:一是中国进入了城市化快速发展阶段,城市在经济发展中的作用日益突出,大城市圈将成为主导区域经济发展的重要力量。二是地区竞争日益表现为地区城市间的竞争,地区差距在相当长的时期内将会继续存在。三是跨区域经济交流与合作将进一步加强,在经济全球化和区域经济一体化不断发展的背景下,我国国内的区域合作正在以不同的规模和形式展开①。

回顾2019年,随着多个规划相继落地,我国跨区域经济区体系建设路径明显清晰。中国国际经济交流中心产业规划部部长王福强表示,"我国区域发展正在从单一区块发展,向多区域跨越,通过区域间的比较优势,促进要素有序流通,极大地提高了区域经济发展的总体效率,激发区域活力。"

具体来看,各大区域战略承载不同的职责。京津冀协同发展以疏解北京非首都功能、高标准建设雄安新区为抓手。通过北京、天津、河北三地协同发展,探索出了经济人口密集地区优化发展的新模式,打破行政壁垒,实现跨行政区的要素有序流动,解决了过去长期想解决而没有解决的问题。

长三角区域一体化,将进一步提高长三角的经济集聚度、区域连接性和政策协同效率,对引领全国高质量发展、建设现代化经济体系意义重大。

粤港澳大湾区发展规划则全面推进内地同港澳的互利合作,推动经济高质量发展,建设可持续发展的超级都市圈,打造湾区经济,建立对外贸易平台。

西部陆海新通道总体规划作为深化陆海双向开放、推进西部大开发形成新格局的重要举措,将进一步推动西部地区高质量发展,加快通道和物流设施建设,提升运输能力和物流发展质量效率,深化国际经济贸易合作,促进交通、物流、商贸、产业的深度融合。

长江经济带推动沿江十一个省市联动发展,通过长江黄金水道串联起长三角地区、长江中游地区、成渝经济区,有效发挥了各地区的比较

---

① 唐曙光.区域经济形势分析浅探[M].北京:中国发展出版社,2018.

优势。

苏宁金融研究院研究员陶金表示，"区域发展战略顺应区域经济发展规律，充分发挥重点区域要素集聚、规模经济以及知识溢出等效应，既提高了区域经济发展效率，又创造了更大市场。同时，重点区域以外的其他地区则可以发挥自身比较优势，发展适合当地资源禀赋的特色产业。"

二、中国促进区域经济发展的战略及政策

中国区域经济发展不平衡以及差距继续拉大的趋势，导致不同区域间的居民生活水平和政府的基本公共服务存在差距。调整区域经济发展战略及政策，引导区域经济健康协调发展，正在成为中国当前区域经济发展的重大问题。

国家明确提出，西部地区要加快改革开放的步伐，通过国家支持、自身努力和区域合作，增强自我发展的能力。东北地区要加快产业结构调整和国有企业改革、改组、改造，在改革开放中实现振兴。中部地区要依托现有的基础，提升产业层次，推进工业化和城镇化，在发挥承东启西和产业发展优势中崛起。东部地区要率先提高自主创新能力，率先实现经济结构优化升级和增长方式的转变，率先完善社会主义市场经济体制，在率先发展和改革中带动中西部地区的经济发展。同时，提出要加大财政转移支付和财政性投资力度，支持革命老区、民族地区和边疆地区加快发展。

围绕发展城市群和以中心城市为龙头的城市经济圈，国家将重点支持长三角、珠三角、京津冀等城市群增强整体竞争力，继续发挥其在区域经济中的带动和辐射作用；支持具备发展城市群条件的区域以特大城市和大城市为龙头，加强统筹规划，形成一批新的城市群；发挥中心城市的作用，带动区域经济的发展。

国家通过行政干预和宏观调控对区域经济的发展产生影响，在促进区域经济发展的政策上，主要实行有差别的区域发展政策，根据不同区域的发展状况，重点给予相关的鼓励政策，加大财政转移支付和财政投资等方面的扶持。重点是健全市场合作、互助、扶持等区域协调互动机制，鼓励打破行政区划，发挥市场配置资源的基础性作用，开展多种形式的区域互助合作，发展多方面的支援和帮扶，增强国家对中西部等经济

落后地区的支持。

三、区域经济发展面临的挑战

不可忽视的是,中国区域经济的发展也面临着一些新问题和新挑战。

第一,中国市场经济体制虽然已基本建立,但是过去的计划经济体制对区域经济发展的影响尚未完全消除,传统的行政区的经济发展模式仍然占据主导地位,行政区域的市场壁垒和分割在一定程度上阻碍着资源的优化配置和生产要素的自由流动。

第二,区域经济发展的管理体制和政策体系尚不健全,尚未形成能够有效推进跨区域发展的利益共享机制,缺乏制度和法律保障,目前地方政府"分灶吃饭"的财政体制、税收分配制度和政绩考核导向对推进跨区域的经济发展有所影响。

第三,不同区域在经济社会发展上的差距较大,如东、中、西部地区,导致发展相对滞后的地区在基本公共服务、基础设施以及统筹协调区域发展和增加财政转移支付等方面的压力增大。

第四,我国的区域经济仍然处于起步阶段,面对经济全球化和区域经济一体化的趋势、国内外日趋激烈的市场竞争,以及区域资源环境对经济发展的制约,区域分工协作、区域产业布局和结构调整优化正面临新的挑战。

以习近平为代表的新一代中央领导集体基于对中国改革开放未来发展稳定大局的全面思考,结合当前国内、国外发展实际,坚持与时俱进的理念,以协同发展为基准,以区域一体化为目标,以和平共融为途径,坚持走生态文明和经济发展和谐一体的绿色发展之路,对促进我国区域经济发展、城镇化水平提高和城乡一体化有着重要的指导意义。针对区域经济发展,提出了以"一带一路"、京津冀协同发展、长江经济带、上海自由贸易区以及城镇化与城乡一体化发展格局等为代表的新的区域发展战略举措,在理论和实践上为传统的中国区域经济发展战略思想注入了新鲜活力。

第二章 区域经济发展的理论研究

第一节 区域经济增长理论

一、区域经济要素

区域经济增长是多种影响因素相互作用的过程。对区域经济增长要素的分析，是研究区域经济增长的起点。区域经济增长要素理论主要涉及区域经济增长的影响要素、区域经济增长要素的分类标准等内容。

（一）区域经济增长影响要素

区域经济增长因素对区域经济增长的作用各不相同，但又相互联系。如何区分各因素对区域经济增长的贡献，是一个重要而又困难的论题。区域经济增长理论一般侧重分析主要要素对区域经济增长的影响作用。

1.自然条件和自然资源要素

广义的自然条件包括所有自然资源，狭义的自然条件是指自然地理位置、地质条件、水文条件、气候条件等，它作为环境因素，间接对区域经济增长产生作用。自然条件和自然资源作为区域经济增长的物质基础，是影响区域经济增长的基本要素，具体体现在对劳动生产率的影响、对区域产业结构的影响、对区域初始资本积累的影响等方面，即首先影响区域经济的投入结构，进而影响区域产出结构。

2.劳动力资源要素

劳动力资源即指区域内人口总体中所具有的劳动能力的总和，是存在于人的生命体中的一种经济资源。劳动力资源的数量、质量是决定区域经济增长的重要因素。区域劳动力资源丰富，即为该区域经济增长提供了最基本的条件；劳动力资源缺乏，则直接影响区域经济增长所需人力资源的供给。劳动力投入量的增加，可提高区域经济的产出水平，并影响生产要素投入的结构。

3.资本要素

资本是一种相对稀缺的生产要素,资本形成对经济增长具有决定性影响。资本存量的多寡,特别是资本增量形成的快慢,往往成为促进或阻碍区域经济增长的基本要素。资本的主要形成路径为:储蓄(私人、企业、政府储蓄)转化投资,进而形成物质资本(机器、设备、厂房、基础设施等)。区域经济增长并非单纯取决于储蓄和可投资资源的供给,而是主要取决于这些资源的合理利用[①]。

4.技术要素

技术是指解决生产、生活实际问题的手段、方法等的总和,既包括知识、经验等软技术,又包括工具、装备等硬技术。技术要素已成为经济增长的重要内生变量,技术进步对区域经济增长的影响日趋跃居主导地位,区域的技术能力已成为区域经济增长的核心要素。

技术进步对区域经济增长的影响主要表现在:不同的技术条件决定了各种要素在经济活动中的结合方式;技术进步不断改变劳动手段(主要表现为生产工具,尤其是机器设备)和劳动对象;技术进步能促进劳动力素质的提升;技术进步能促进产业结构的优化升级。

5.区际贸易因素

基于区域外部需求的区际贸易有广义和狭义之分。广义的区际贸易既包括一国范围内区域间的国内贸易,也包括区域跨国界的国际贸易;既包括区际商品贸易(商品输入和输出),也包括区际服务贸易(如旅游业等)。区际贸易也是影响区域经济增长的重要因素,对区域经济增长具有乘数效应。

6.结构要素

区域内企业组织结构调整、产业结构优化配置及产业组织结构优化、空间结构的合理有序等,都是促进区域资源优化配置的重要途径,是促进区域经济增长的重要因素,影响区域经济的稳定增长。

7.制度安排

政府通过正式制度安排(体制、政策、法规、组织、规划)可改变区域的要素供给特征和要素配置效率,影响区域经济增长速度。区域非正式制度安排(道德、伦理、观念、风俗习惯或文化传统、企业家精神等)的差

---

①孙久文.区域经济学　第3版[M].北京:首都经济贸易大学出版社,2014.

异导致区域制度创新能力的差异,进而影响区域经济增长速度和质量。

(二)区域经济增长要素分类

基于不同的视角,采用不同的分类标准,国内学者将区域经济增长要素分类方法归结为以下三类。

1.基于各种要素性质、特征和作用的差异视角的分类

根据区域经济增长诸要素的性质、特征和作用的不同,将其分为区域性因素和一般性因素两类。一般性因素是国家和区域共有的增长因素,反映区域经济增长的共性特征;区域性因素是区域特有的增长因素,反映区域经济增长的个性特征。

按此分类标准,也可将区域经济增长诸要素分为供给面因素(生产要素)、需求面因素和作用于供、求方面的因素。供给面因素包括劳动、资本和土地等;需求面因素包括私人的消费需求和公共的消费需求、私人的投资需求和公共的投资需求;作用于供、求方面的因素包括技术进步、空间结构、产业结构、基础设施体系、国家产业政策和区域政策、政治体制、社会体制、法律、意识形态、文化历史传统等。

2.基于各种要素的区域来源视角的分类

根据区域经济增长要素的区域来源,将其分为内部因素和外部因素。内部因素反映区域经济增长的潜力和自我发展能力;外部因素反映外部环境条件对区域经济增长的影响。

3.基于各种因素与社会生产过程的相关程度视角的分类

根据区域经济增长诸要素与社会生产过程的相关程度,将其分为直接影响因素和间接影响因素两类。

直接影响因素即生产的因素,是指直接参与社会生产过程的因素,包括劳动力、资本和技术。直接影响因素对区域经济增长起着决定性的作用。间接影响因素即指通过直接影响因素对社会生产过程间接发生作用的因素,包括自然条件和自然资源、人口、科技、教育、经营管理、产业结构、对外贸易、经济技术协作、经济体制和经济政策等。间接影响因素一般通过改善生产条件、劳动力和生产资料的质量来影响区域经济的增长。

总之,影响区域经济增长的要素是多元的。区域经济增长要素分析应重点关注以下三大内容。

第一,生产要素分析。即分析劳动力、资本、技术等生产要素对区域经济增长的决定性影响作用。

第二,制度要素分析。制度分析是新制度经济学倡导的一种具有相当强解释力的分析方法;对一个区域而言,制度可分为正式制度和非正式制度。制度供给的有效性是影响区域经济增长速度及质量的重要因素。

第三,结构要素分析。西方区域经济增长理论研究的侧重点是区域经济增长的动力机制及其区际差异问题,产业结构及空间结构一般被置于其理论框架之内,作为影响区域经济增长过程的一个变量。区域经济学尤其应重视分析区域产业—空间结构要素对区域经济增长速度和质量的影响作用。

二、经济增长理论

(一)区域输出基础理论

1955年,道格拉斯·诺斯在论文《区位理论与区域经济增长》中,批评了艾萨德的区位理论和胡佛的增长阶段理论,认为他们没有解释区域增长的动力,并且关于区位的模型和关于增长的描述也存在问题。诺斯从经济史的角度出发,认为区域增长的阶段论中的阶段序列与经济史是断裂的,该理论是建立在中世纪欧洲封建自给自足型经济的假设之上的,近代美国的经济发展与区域增长的阶段论序列不相符合。

诺斯认为,区域经济增长的动力来自外部需求的拉动,区域外部需求的增加是区域增长最为关键的初始决定因素。诺斯的思想后来经过蒂伯特等人的发展而逐步得到完善,成为解释区域增长的输出基础理论。

1.输出基础理论的思想内核

在输出基础理论中,经济被划分为两个部门:一是输出的基础部门,包括所有的区域外部需求导向的产业活动;二是非基础部门,包括所有的区域内部需求导向的产业活动。输出基础理论的思想内核是,一个区域经济的增长取决于输出的基础部门的增长,区域外部需求的扩大是区域经济增长的基本动力;因而增加区域的输出基础即区域所有的输出部门,将启动一个乘数过程,其乘数数值等于区域总的收入或就业量与输出部门的收入或就业量之比。

输出基础理论认为：一个区域对外输出（包括产品和服务）的总额越大，其输出部门的收入就越多，这部分收入除了补偿输出部门的生产费用外，可以用于满足区域内需求的产品的生产和服务业，以及用于扩大输出。同时，输出部门的生产活动需要许多区域非输出部门的配合和协作。这样，输出部门越大，区域内的生产和服务业就越会得到更大程度的发展。因此，输出生产和输出总额越大，区域经济的规模和相应的收入就越大。

2. 输出基础理论的特点

第一，它显然是凯恩斯的收入理论在开放的区域和长期分析中的应用。输出作为总需求的唯一外生影响因素，被提升到了核心的地位，其他可能的影响因素（消费函数、国内投资或政府支出水平的变化等）被降低到了微不足道的位置。

第二，该理论不关心出口需求增长的来源，将整个世界经济仅分为两个组成部分：区域和世界其他地区。出口的增加是源于邻近区域还是源于世界的其他地区都没有什么差别。

第三，输出基础理论在分析区域增长时把各国需求的变化模式置于核心的位置。它强调，为了理解区域增长的机制，不能孤立地对一个区域进行研究。一个区域能否快速增长，不可能完全在它的边界内部决定。

输出基础理论的倡导者也认识到区域内部政府的较高支出水平将促进区域增长；非经济因素引起的迁移也会在不改变输出基础的情况下推动当地经济活动的扩张；进口替代型的当地活动的增加也会促进区域经济发展。此外，当地产业（例如为输出产业提供投入的那些产业）的效率改进能够通过提高输出基础部门的竞争力，而对区域活动产生显著影响。这一区域增长理论，有助于我们对特定国家某区域历史发展的重要特征形成一个简洁的描述。但它存在着诸多缺陷，因此难以成为区域增长的一般理论。

3. 输出基础理论的缺陷

首先，输出基础理论简单地将各区域分为本区域和其他地区，这就掩盖了在增长过程中区域相互之间可能产生的重要作用。其次，作为区域增长预测的方法，输出基础理论的价值也是令人怀疑的。我们不大可能根据输出基础部门的变化,来估计它对区域增长的净效应。例如,从区域输出的收入有多少再次以进口的形式输入,将取决于输出增长的确切形式和来源。这一理论的缺陷还包括以下几个方面。

第一,过度简化了输出基础部门的影响。在一个由许多商品组成的世界里,当地活动的影响经常显著地从一个输出行业变动到另一个输出行业。输出基础不同组成部分的扩张,对区域增长具有相当不同的作用。

第二,输出基础理论忽略了内部增长驱动力有可能是区域增长的关键因素的事实。从长期看,单纯强调输出是非常狭隘的,我们还需要考虑其他外生变量(政府公共支出措施、区域内的技术进步、生产函数或消费函数的变动等)的水平,它们在某些情形下对增长的作用较输出基础更为重要。

第三,我们所研究的区域越大,这种忽略所引起的问题就越严重。随着所分析区域规模的扩大,输出的相对重要性将越来越小,增长的其他影响因素的重要性将相应地增大。另外,对于较大的区域来说,乘数的反馈作用可能更为显著,这就要求一种立足于区域间的分析方法。

第四,在某些情形下,当地活动可能是区域收入增加的关键因素。例如,将资源配置到当地活动也许比配置到输出部门更有效率(比如,由于前者具有更高的技术进步率)。在这种情况下,输出活动的下降会促进区域收入的增加。

第五,如果一个区域的贸易条件有显著的改进,那么即使其输出基础的规模没有提高,该区域也能够实现增长。

第六,当我们涉及具有复杂的输出部门(其市场从有限制的区域到国家甚至整个世界)的多样化的区域经济时,输出基础这个概念的价值就会大打折扣。

(二)新古典区域经济增长理论

1956年,美国经济学家索洛发表了《对经济增长理论的一个贡献》的论文,成为经济增长研究历史上的一个里程碑。索洛成功地将新古典经济理论和凯恩斯经济理论结合在一起。对新古典模型做出贡献的还有英国经济学家拉姆齐和澳大利亚经济学家斯旺。

由于索洛模型是新古典经济增长模型的最重要代表,我们常常把索洛模型与新古典模型作为同义词使用。新古典模型被广泛应用于各国区域经济增长分析中,一些学者还试图将空间因素引入新古典增长模型。例如,理查森把区域空间结构的变动对区域增长的影响引入新古典增长理论的标准增长方程式,提出了一个融合空间维的区域增长模型。

(三)凯恩斯区域乘数理论

乘数效应是一种宏观的经济效应,也是一种宏观经济控制手段,是指经济活动中某一变量的增减所引起的经济总量变化的连锁反应程度。在区域经济发展中,它的概念是指通过产业关联和区域关联对周围地区发生示范、组织、带动作用,通过循环和因果积累这种作用不断强化放大、不断扩大影响。凯恩斯区域乘数由标准凯恩斯国民收入—支出乘数模型改造而来。

区域经济在某种程度上与国民经济不同,有自己独特的性质,导致凯恩斯区域乘数也在一定程度上与标准凯恩斯国民经济乘数有所不同。

三、区域经济增长阶段

区域经济由不发达到发达是一个漫长的演化过程。在这一过程中,区域要素供给、产业结构、空间结构乃至资源配置方式均具有明显的阶段特征。区域经济增长(发展)阶段理论即通过对区域资源要素配置、经济增长、产业结构及空间结构演化等方面作用机制的分析,探究区域经济由低级到高级、由贫穷到繁荣的阶段性规律。基于所分析的区域类型特点,区域经济增长(发展)阶段理论可分为罗斯托的经济成长阶段论、一般区域经济增长(发展)阶段理论、特殊区域生命周期理论和约翰·弗里德曼的区域空间成长阶段理论四大类。

(一)罗斯托的经济成长阶段论

罗斯托在《经济成长的阶段》一书中,将人类社会发展划分为六个经济成长阶段。

1.传统社会阶段

在这一阶段,社会生产力水平低下,产业结构单一,经济活动主要局限于传统的农业活动,其他产业不发达,区域经济增长缓慢。

2.为起飞创造前提阶段

罗斯托认为,起飞指突破经济传统的停滞状态。区域经济要想实现起飞,必须具备以下三个条件:一是具有较高的资本积累能力,资本积累占国民收入的10%以上。可通过三个途径实现:私人储蓄,政府发行债券、征税,以及出让公有土地,国外(或区外)资本输入。二是建立起飞的主导部门。该主导部门发展速度快,既能带动其他部门,又能赚取外汇,以便引进技术和购买外国产品。三是要有制度上的改革,即建立一种能保证起飞的制度。以上三个条件之所以是区域经济实现起飞的前提,罗斯托认为主要基于以下几个原因:第一,较高比例的资本积累可确保经济增长的资本需求。第二,主导部门的建立和发展带来的外汇收入,可用来引进先进技术;同时,保障投资利益的制度变革的实行有利于外国直接投资建厂,带来新技术。第三,主导部门的建立会产生"连锁"效应,即主导部门的建立可带动其他部门的发展,从而引起区域经济的变化,为经济发展所需要的原料生产、交通运输、劳动力供给提供保证。

3.起飞阶段

罗斯托认为,在人类社会经济成长的六个阶段中,起飞阶段相当于工业化初期,即一个具有决定性意义的转折时期。在这一阶段,基本经济结构和生产方式将发生剧烈变化,意味着技术的吸收并产生扩散性结果。罗斯托认为,经济的起飞主要是因为主导部门采用了先进技术,扩大了市场,增加了资本积累,从而带动整个国民经济的发展。但经过一段时间后,当初的先进技术及其影响已经扩散到整个经济部门中,必然会导致工业部门技术改造的缓慢,主导部门的"减速趋势"不可避免。因此,一个社会要想保持较高的平均增长率,必须不断地采用新技术,产生新的主导部门。新主导部门通过技术扩散和利润的再投资可带动其他部门的发展,从而实现经济的另一次起飞。

4.成熟阶段

罗斯托认为,经济实现起飞后,经过较长时间的持续成长,才能达到成熟阶段。在这一阶段,经济中已经吸收了先进的技术成果并推广到其他部门,工业向多样化发展,主导部门为铁路、钢铁工业、通用机械、电力工业和造船工业等重型工业和制造业综合体系。从起飞阶段到成熟阶段,经济成长主要依靠对工业设备部门的投资,这种投资虽然能带动工业部门的增长,但也具有一定的局限性。这种局限性主要体现在:以对工业部门投资为基础的这种经济成长,在先进技术已被充分吸收并被应用于大多数生产部门之后,将不可避免地出现"减速趋势",为了终止这种趋势,必须向更高级的新的成长阶段过渡。

罗斯托认为,这种新成长阶段的出现并不是偶然的,在这一过渡过程当中,成熟阶段具有一定的诱导作用:一是经济的成熟带来了新型产品——汽车;二是经济的成熟引起了劳动力结构的变化,城市居民人数和人们的收入均有所增加;三是随着收入的增加,人们对高档消费品的需求也随之增加,这促使社会必须投入更多的资源以满足人们需求的变化。在这些诱导作用的影响下,以汽车为主导部门的"高额群众消费阶段"必然形成。

5.高额群众消费阶段

在这一阶段,工业高度发达,主导部门为汽车工业部门综合体系。该体系不仅包括汽车本身,还包括与汽车工业具有回顾效应的钢铁工业、橡胶轮胎工业、石油精炼工业等部门以及与汽车工业具有旁侧效应的私人住宅建筑、高速公路建设等部门。罗斯托认为,在高额群众消费阶段,必须保持相当高的消费者需求水平,否则耐用消费品生产部门和各相关部门将会开工不足,从而缩减投资利益,经济成长将不能得到保证。

6.追求生活质量阶段

罗斯托认为,由于存在主导部门的减速趋势,高额群众消费阶段同样也会被新的成长阶段所代替,这一新的成长阶段即为追求生活质量阶段。这一阶段的主导部门为教育、卫生保健、住宅建筑、城市和郊区的现代化建设、社会福利等提高人们生活质量的有关部门。

罗斯托经济成长阶段理论对发展中国家选择发展战略、重点和模式,揭示主导部门带动经济增长的作用及资本积累的重要性具有一定的指导意义。罗斯托所采用的部门总量分析方法是其起飞理论的核心和支柱,是他对发展经济学的一个重大创新和贡献。他用了大量篇幅来讨论主导部门的形成、扩散、更迭、持续增长与反减速等问题。他关于划分经济发展阶段的基本根据是资本积累率水平的研究以及关于技术创新的研究,对于分析和划分区域增长阶段具有很好的参考价值,对研究发展中国家的经济发展有很大的启示作用。

罗斯托关于起飞、主导部门以及经济成长阶段交替机制的研究,对分析和判断区域成长阶段具有一定的合理性,但该理论也存在一定的局限性：该理论是在分析发达国家经济演变的过程中实现的，尤其是在美国的经济历史过程中形成的，他所描述的经济成长是一个直线形的概念，认为所有国家都遵循同样的发展路径，都选择同样的经济发展模式。但事实上，各国的历史、文化、制度和经济发展水平都存在着很大的差异，不可能选择完全相同的发展道路。它是否适应于发展中国家，还有待实践的检验。此外，罗斯托理论的基本研究单位是国家，在进行区域经济演变历程的研究时，不能完全照搬，还要根据区域经济发展的特点进行研究。例如，对于基础薄弱的区域而言，虽然其积累率很高，但其发展水平仍可能处于传统阶段；从主导产业来看，由于各地区存在较大差异，各区域主导产业的更替也会存在较大差异。因此，对区域成长阶段进行判断时，没有统一模式，要根据区域发展的实际情况进行具体分析。

综上所述，可以总结一下罗斯托的经济成长阶段论的优缺点。

优点：罗斯托的经济成长阶段论是在考察了世界经济发展的历史后提出的，它正确地强调了国际贸易对一国经济发展的重要性，对落后国家追赶先进国家具有重要的指导意义，所以是一种重要的现代化理论。一些国家在现代化进程中曾经自觉地实践了罗斯托的理论并取得了巨大的成功。

局限性：一方面，罗斯托的经济成长论是一种线性的发展理论，不具备周期理论的预见性。人们注意到，罗斯托的理论最初只包含了五个阶段，后来被他扩展成六个阶段，那么只要人类社会不灭亡，肯定就还会存在第七个阶段。这第七个阶段是什么？有什么特征？根据罗斯托的理论，人们无从知晓。所以，罗斯托的理论虽然对落后国家的发展具有重要的指导意义，但对发达国家的发展却没有多大参考价值。另一方面，罗斯托的理论忽略了多种经济发展模式存在的可能性。实际上，小的经济体，如新加坡这样的城市国家，完全可能以其他的路径实现现代化，或者实现跳跃性的发展。

针对罗斯托的经济发展阶段理论对发达国家的发展没有多大参考价值的弱点，从20世纪70年代开始，美国产生了一批思考美国以及人类未来的著作，如托夫勒的《未来冲击》《第三次浪潮》《大趋势》以及奈比斯特的《大趋势——改变人们生活的10个新方向》等。这些对世界产生了广泛影响的著作都涉及信息革命或者信息社会的问题，在一定程度上弥补了罗斯托理论的欠缺。

（二）一般区域的经济增长阶段

1.胡佛—费雪的区域经济增长五阶段论

美国区域经济学家胡佛和费雪在《区域经济增长研究》一文中最早倡导区域经济增长阶段论。该理论认为,任何区域的经济增长都存在着"标准阶段次序",具体包括五个阶段。

第一,自给自足经济阶段。此为区域经济增长的初始阶段。其特征表现为:区域产业几乎全为农业,区域人口绝大部分为农业人口;区域经济呈明显的封闭性,区域间经济联系甚少;经济活动均随农业资源呈均匀分布。

第二,乡村工业兴起阶段。随着交通运输业以及贸易的发展,乡村工业崛起并在区域经济发展中发挥重要作用。

第三,农村生产结构转换阶段。随着区际贸易的扩大,区域农业生产方式逐渐发生变化,由粗放型农业向集约型、专业化农业转变,由畜牧养殖转向果蔬、乳酪、园艺生产。

第四,工业化阶段。随着人口的增长、农业生产发展到相当规模后引致规模报酬的递减、采掘工业生产效益的下降,区域被迫谋求工业化。

第五,服务业输出阶段(成熟阶段)。此为区域经济增长最后阶段,区域实现了为出口服务的服务业专业化生产,向区外输出资本、熟练技术人员和为欠发达区域提供专业化服务,专业性服务的输出逐渐成为区域经济增长的驱动力。

胡佛—费雪的区域经济增长阶段理论是对传统经济区位理论的一种扩展,是对大多数欧洲国家区域经济发展历史过程的经验总结,所揭示的是在技术变化条件下区域产业结构变化的一般规律。该理论强调,任何区域的经济发展都必须经历两个相辅相成的成长过程:一方面,区域经济必须经历由自给自足的封闭型经济向开放型的商品经济转变的历史过程,在这一转变过程中,运输成本下降起着关键作用,区际贸易发挥着重要作用;另一方面,区域经济必须完成由第一产业向第二产业到第三产业的过渡,实施区域工业化战略是完成这一转变的关键,由农业、采掘业等初级产业向以制造业为中心的次级产业过渡,是维持区域经济持续发展的唯一途径。

胡佛—费雪的区域经济增长阶段理论也存在着明显的缺陷:该理论

只是对区域经济发展的状态描述,没有涉及对区域经济发展的动力机制及其原因的解释;在理论的应用层面上,也并非每一个区域的经济发展都必须经历这样的"标准阶段次序"。

2.陈栋生、魏后凯的区域经济成长(增长)四阶段论

陈栋生、魏后凯等在《区域经济学》《西部经济崛起之路》《现代区域经济学》等书籍中均倡导区域经济成长(增长)四阶段论。该理论认为,区域经济的成长(增长)是一个渐进的过程,可分为待开发(不发育)、成长、成熟(发达)、衰退四个阶段。

第一,待开发(不发育)阶段,此为区域经济增长的初始阶段。

其总体特征为:区域经济处于未开发或不发育状态,生产力水平低下,生产方式落后;产业结构单一,农业所占比重极高;商品经济极不发达,市场规模狭小,经济增长缓慢,长期停滞在自给自足甚至自给不能自足的自然经济状态中;自我资金积累能力低下,缺乏自我发展能力;各种经济活动在空间上呈散布状态。处于这一阶段的区域经济发展途径为:将外部资金、人才、技术输入和区域内条件有机结合,形成自我发展能力,启动区域经济增长。

第二,成长阶段,当区域经济跨过工业化的起点且呈较强增长势头时,标志着区域经济发展进入成长阶段。

其总体特征为:区域经济高速增长,经济总量规模迅速扩大;产业结构急剧变动,工业逐渐超过农业成为区域经济的主导部门;商品经济发育成长,市场规模不断扩大,区域专业化分工迅速发展,优势产业已形成或处于形成中;人口和产业活动迅速向城市集聚,形成启动区域经济发展的增长极或增长中心;伴随区域经济总量增长和结构性变化,区域社会文化观念也相应嬗变。促进区域经济发展从不发育阶段进入成长阶段的实现途径有外部推动型、国家投入型、自身积累型和边贸启动型。

第三,成熟(发达)阶段,区域经济经过成长阶段的高速增长后逐步进入成熟(发达)阶段。

其总体特征为:区域经济增长速度趋缓,并渐趋稳定;工业化达到较高水平,服务业较发达,基础设施完善,交通运输、信息已形成网络;生产部门齐全,专业化分工程度高;区内资本积累能力强,人力资本丰富。处于这一阶段的区域通常是国家经济中心区所在。

第四,衰退阶段,由于运输地理位置的变更、产业布局指向的变化、资源的枯竭、技术和需求的变化,部分区域在经历成熟阶段后,有可能转入衰退阶段。

其总体特征为:经济增长缓慢,原有的增长中心和主导产业发展势头丧失;传统的衰退产业所占比重大,区域主导产业链条在时序上缺乏有机连接,导致区域经济的结构性衰退,若结构调整滞缓,缺乏新兴替代产业,则区域经济将出现绝对衰退,逐步走向衰落。在区域沦为衰退区前,应及时调整区域产业结构,扶持新兴产业和替代产业,谋求经济的多元化,促进区域经济持续发展,进入新的成长阶段,开始新一轮成长过程。

陈栋生、魏后凯的区域经济成长(增长)阶段论是中国学者最早创造性地倡导的一种具有一定代表性的区域经济发展阶段理论,它实质上是一种关于区域经济成长阶段的定性分析和描述。

3.郝寿义、安虎森的区域经济增长四阶段论

郝寿义、安虎森等在《区域经济学》和《区域经济学》(第2版)等书中将一般区域的经济增长分为待开发、成长、成熟和高级化四阶段。

第一,待开发阶段。其整体特征表现为:①经济结构落后。农业在经济结构中居绝对地位,以粮食生产为主的种植业是最主要的经济活动内容;工业所占比重极低;第三产业不发达。②要素配置不合理。区域储蓄能力弱,资本形成不足,资本稀缺是区域经济增长最主要的制约因素;区域劳动力充裕,后备劳动力资源极为丰富,但素质低下;经济活动对自然的依赖性强,劳动生产率低。③经济活动处于自给自足的封闭状态,与区外经济联系微弱。④经济增长缓慢,经济发展水平低下。

第二,成长阶段。其总体特征表现为:①区域工业化开始启动,经济结构明显改善。农业所占比重明显下降,农业内部结构不断调整;工业成为区域经济的主导部门,资源密集型产业和劳动密集型产业占主体地位,资本密集型产业呈良好发展势头;服务业发展迅速。②要素配置更为有效。区域人均收入水平明显提高,居民储蓄能力增加,促进了资本形成及区域资本供给能力提高;农业劳动力逐步向工业和其他产业转移,劳动力素质不断提高。③劳动生产率不断提高,经济增长速度较快。

第三,成熟阶段。其总体特征表现为:①区域经济基本实现现代化,第三产业的增长速度高于工业、农业等物质生产部门的增长速度,劳动

力由物质生产部门向第三产业转移;②推动区域经济增长的因素已由要素投入数量的增加转变为要素配置效率的提高和技术创新能力的增强;③劳动密集型产业逐渐被资本、技术密集型产业取代,促使区域产业结构高级化;④农业全面实现机械化,工业基本实现自动化,金融、保险、咨询、技术服务等新兴第三产业发展迅速;⑤由于要素供给质量明显提高,技术创新能力增强、产业结构不断升级,区域经济快速增长。

第四,高级化阶段。其总体特征表现为:①区域经济完全实现现代化,推动区域经济增长的主导因素已由要素投入的增加转变为技术和组织创新。②大型企业集团迅速成长、扩张,日益成为区域经济发展的主导力量。③区域和外部的经济联系更为密切,向外输出技术含量高的物质产品以及技术、资本和其他服务;经济联系范围更加广阔,国际市场对区域产品的需求状况以及区域产品在国际市场的竞争能力,对区域经济增长影响甚大。④消费结构发生根本性变化,物质消费退居次要地位,追求精神享受成为主流,服务于这一消费结构变化的第三产业快速发展,成为推进经济增长与发展的重要力量之一

郝寿义、安虎森的区域经济增长阶段论基本上是一种区域经济增长阶段的定性描述,未涉及区域经济增长"衰退"现象、区域经济空间结构变化等内容。

4.蒋清海的区域经济发展四阶段论

蒋清海在综合比较分析中外区域经济发展阶段的划分标准及理论内涵的基础上,提出划分区域经济发展阶段的四大标准,即:制度因素是划分区域经济发展阶段的背景性标准;产业结构是判别区域经济发展阶段的生产力标准;空间结构是标示区域经济发展阶段不同于其他经济发展阶段划分的标准;总量水平是测量经济发展高度的标准。

他根据制度因素标准将区域经济发展的四个阶段标示并命名为传统经济阶段(包括原始经济和农业经济时期)、工业化初期阶段(工业化兴起时期)、全面工业化阶段(工业化中兴时期、工业化成熟阶段)、后工业化阶段(信息经济阶段)。

(三)区域空间成长阶段理论

美国著名城市与区域规划学家约翰·弗里德曼的区域空间成长阶段理论以"空间规划"理论闻名于世。他通过对发达国家及不发达国家

的空间发展规划的长期研究,在考虑区际不平衡较长期的演变趋势的基础上,将经济系统空间结构划分为核心和边缘两部分。在1966年出版的《区域发展政策——委内瑞拉案例研究》一书中,他首次提出了核心—边缘论,并在1967年发表的《极化发展的一般理论》一文中得到完善和升华,逐步发展成为一种普遍适用于发达国家与不发达国家空间规划基础的一般理论。

弗里德曼认为,核心与边缘空间不平衡程度更多地与一个国家或地区的经济、社会和政治发展水平相关。在构建核心—边缘理论的基础上,弗里德曼以空间结构、产业特征和制度背景为标准,将区域经济发展分为四个主要阶段。

1.工业化过程以前资源配置时期

这一阶段区域生产力水平低下,农业经济占绝对优势,城市规模较小,腹地之间的联系几乎没有或极其微弱,空间结构呈原始状态。

2.核心边缘区时期

随着社会分工的不断深化,区域贸易的日益频繁,区位条件好、资源优势突出、交通便捷的区域发展成为城市,即核心区,而广大的农村则成为边缘区。核心区由于发展条件较好,经济效益高而处于支配地位;而边缘区由于发展条件较差,经济效益低而受制于且依附于核心区,处于被支配地位,空间二元结构十分明显,核心区与边缘区的经济发展不平衡加剧。

3.工业化成熟时期

随着经济的发展,核心区发展加快,核心区与边缘区的差距进一步加大。权力分配、资金流动、技术创新、人口迁移等都进一步向核心区集聚。

4.空间经济一体化时期

当经济进入持续发展阶段,随着政府干预的加强、区际人口的转移、市场的扩大、交通运输的改善和城市层次的扩散等,核心区与边缘区的界限会逐渐消失,区域空间走向一体化。

弗里德曼的区域经济阶段论对区域非均衡发展理论研究的拓展有着重要影响,它反映了20世纪70年代初区域理论研究将政治、文化等社会因素引入区域空间系统,打破了城市和区域发展的研究仅限于经济范围的束缚,揭示了经济发展的不平等必然会在地区间及地区内经济中心和其他地区形成空间不平等关系。这种不平等不仅意味着人均收入和社会方式等发展水平上的差距,更重要的是造成了区域间竞争机会和竞争能力的不平等。这种不平等是处理地区关系所必须正视的重要问题,对区域发展理论的研究有着积极的意义。但是,弗里德曼的"核心—边缘"理论因其涉及因素较多而限制了实证研究。

第二节 区域经济分异理论

要正确认识区域发展差异,并发挥不同区域的优势与特色,以促进区域经济协调发展,首先必须分析区域经济赖以存在的客观基础,以及区域经济差异产生的原因。

一、区域经济分异的客观基础

(一)生产要素的不完全流动性

由于空间是非均质的,气候、矿藏、土壤、江河、地形和其他许多自然特征在空间中显现出某种不均匀分布,并表现出完全的或部分的不流动性,许多类型的经济活动在特别的地理空间上形成。

这种不完全流动性包括两层含义:一是指生产要素不是都能够流动的,其中有些能够流动,有些则是固定不动的。前者如人口、劳动力、资金、物资设备和技术等;后者如土壤、矿藏、地形、水文和气候等自然资源和条件。由于这些自然资源和条件的不均匀的地理分布,使其成为"某些经济活动会产生在某个区域"的一个基本解释。二是指能够流动的生产要素其流动性是有限的或不完全自由的。对这种要素流动的约束来自许多方面,主要有:①管理体制:出于国家行政管理的需要而对要素流动做出种种规定,如户籍管理制度使人口的迁徙和居住地的选择受到一定制约。②主体利益:利益动机是流动约束的内在原因,资本追逐利润率、劳动者向往高收入,违背这些目标,会使流动自行停滞。③历史文化:传统的习俗和观念,常常使许多人不愿离开本乡本土。

显而易见,生产要素的不完全流动性使得经济活动不可能形成空间均衡化,因而构成区域经济分异的基础。

(二)经济活动的不完全可分性

要素的不完全流动性只是解释区域经济存在的一个必要条件而非充分条件。可以作这样的假设:在资源赋存和自然状况完全一致、要素可以充分流动的一片平原上,经济活动按照逻辑将出现什么格局呢? 一般人们会认为,或者各种产业都集中在某一地点,或者各种产业均匀分散于整个地区,或者各种产业杂乱无章、毫无规则地分布。实际都不是,而是会形成一种缜密有规则的结构,它的基础之一即源于经济活动的不完全可分性①。

经济活动的不完全可分性由产业的规模经济和集聚经济(或称外部经济)所决定。规模经济一般分为内部规模经济与外部规模经济。内部规模经济是指生产规模的扩大而产生的平均生产成本的降低,生产规模的扩大有利于生产的专业化以及产品的标准化,从而提高生产效率和劳动生产率。外部规模经济是一种空间集聚经济,即多数不同的工厂、企业在同一空间地域内的集聚与联系,导致平均生产成本的降低和经济效益的产生。规模经济性和集聚经济性推动了生产要素和企业在一定空间范围内的相对集中,形成了以城市为中心的区域经济。

(三)商品和劳务的不完全流动性

空间是有距离的,从一端到另一端,不仅要耗费时间,而且要付出费用,克服空间分离的耗费即距离成本。产品和劳务是不可能免费或在瞬间完成流动,要素流动需要花费运输费用、时间成本、信息成本、心理成本等,而这些成本会限制自然资源优势和空间集中经济可能实现的程度。经济活动中的生产地、原料地和市场地往往不会同在一处,企业在选址时必然要考虑三者的距离最短、运输费用最低的区位;消费者去商店购物,既要占用一定时间,也要支付一定的路费,因而愿意就近购买。这些距离成本限制了自然天赋优势的发挥和空间集聚经济得以实现的程度,使经济活动局限于一定的空间范围。所以它构成区域经济存在的又一重要基础。

以上生产要素的不完全流动性、经济活动的不完全可分性、商品和劳

---

①吴一曦.我国区域经济学的发展趋势研究[J].记者观察.2018(36):119.

务的不完全流动性构成了区域经济学的三个基石。

二、影响经济空间集聚的基本要素

新经济地理学认为收益递增、运输成本和不完全竞争是影响经济空间集聚的三个基本要素,构成了区域经济学新三大基石。

(一)规模收益递增

规模收益递增包括两方面的解释:一方面是指单个企业生产的规模收益递增,具体是指在企业内部由于生产规模的扩大带来产出的增加,虽然可变成本在增加,但单位产出的成本在不断下降,从而产生规模收益递增的现象;另一方面的解释是分工演进的规模收益递增,由于前后向关联等外部性的作用,处于一条生产链不同阶段的企业集聚在一起,形成地理上的集中,地理上的集中形成大型的聚集地区,其规模优势远远大于某一个部门或产业的集中优势,同时,行业内每个企业从整个行业的规模扩大中获得更多的知识积累,产生阿罗所说的干中学效应。规模收益递增为地区获得竞争优势创造了前提。

(二)运输成本

运输成本泛指商品和劳务在空间转移过程中发生的所有费用。传统经济学假设空间是匀质的,商品和服务可以在瞬间流动,故不考虑运输成本,这显然与现实有很大差别。现代主流经济学将运输成本解释为"冰山成本",即商品或者劳务在空间转移过程中会发生损耗,科学技术的发展和交通运输水平的提高会逐渐减少经济活动的运输成本,但并不能轻易改变运输成本因素在空间经济活动中的重要作用,运输成本仍是决定厂商区位选择的重要因素之一。

(三)不完全竞争

现实生活中很少存在真正意义上的完全垄断或完全竞争的经济活动,不完全竞争的经济环境是现实经济活动的常态环境。由于不完全竞争的存在,当某个地区的制造业发展起来之后,形成工业地区,而另一个地区则仍处于农业地区,两者的角色将被固定下来,各自的优势被锁定,从而形成中心区与外围区的关系,地区之间有各自的竞争优势。

三、经济活动的区位差异分析

区位是指某一主体或事物所占据的场所,具体可标识为一定的空间坐标。区位本身并无优劣之分,但在一定的经济系统中,由于社会经济活动的相互依存性、资源空间布局的非均匀性和分工与交易的地域性等特征,各区位对经济活动在市场、成本、资源、技术等方面的约束不同,从而产生不同的经济利益。因而在区域经济学中,区位更多地强调经济利益差别。

(一)经济区位

经济区位是某一经济体为其进行社会经济活动所占有的场所(即经济活动的地区或地点)。工业生产所占有场所即为工业区位,而居住活动所占据的场所则为居住区位,各城市经济活动所占据的场所则称之为城市区位。经济区位对经济活动的效果有深刻影响,因而经济区位有优劣之分。

(二)区位单位

区位单位是指布局于某一区位上的某一社会经济统一体内的各个组成部分。它是经济区位的布局主体。根据研究的层次不同,区位单位的具体内涵也不相同。例如,在研究区域产业布局时,某一工业行业整体即可视为一个区位单位;而在更微观的研究层次上,区位单位则可能是指一个工厂、学校、百货公司等。可见,区位单位是经济区位的主体因素,是社会经济活动区位布局的物质实体。

(三)区位因素

区位因素是指区位单位进行空间配置的外部约束因素。在不同的区位上,人口与资源分布、市场供求状况等不同,从而其区位利益就具有很大差异,区位单位的布局状况也就不同。一个区位的相对优劣,主要取决于四类区位因素。

第一,地区性投入。即该区位上不易转移的投入的供应情况,具体是指存在于某一区位、难以从他处移入的原料、供应品或服务等。比如土地资源、气候资源、矿产资源以及区域医疗、教育基础设施等。

第二,地区性需求。即该区位上对不易转移的产出的需求状况。这取决于区域人口数量、收入水平等。

第三,输入的投入。即从外部供给源输入该区位的可转移投入的供应情况。比如输入区域经济发展所依赖的资本、技术、劳动力、一般原料供应等,它在一定程度上反映该区位的经济吸引力。

第四,外部需求。即区域向外部市场销售可转移产出物中得到净收入的情况。通常情况下,优越的区位产品外销费用低,可利用发达的流通渠道输出产品迅速赚取收益,而处于不利区位上的经济产出则受到当地生产技术水平和市场、运输条件等因素的制约,不容易输出到区外。它在一定程度上反映该区位在大区域中的地位。

区位因素也称为区位因子,可以根据其特点划分为自然因子(包括自然条件和自然资源)、运输因子、劳动力因子、市场因子(市场与企业的相对位置、市场规模、市场结构)、集聚因子(集中或分散)、社会因子(包括政治、国防、文化等)。在不同的区位上,区位因素(区位因子)不同,其区位利益具有很大的差别,从而也就决定了各个区位的相对优劣。

四、产业布局指向差异

在各种因素和布局机制共同作用下的产业布局,往往反映出向某一类地域集中的倾向,称为产业布局指向。

(一)产业布局指向的主要类型

第一,燃料、动力指向(亦称能源指向)。比如火电站、有色金属冶金、稀有金属生产、合成橡胶以及石油化工等部门。另外,重型机械制造、水泥、玻璃、造纸业等在有些情况下也属于能源指向型产业。在这类部门中,能源的耗费在生产成本中占有很高的比重,一般在35%~60%。能源的供应量、价格和潜在的保证程度是决定产业布局的重要因素。

第二,原料地指向。原料地指向部门包括采掘工业、原料运量大或可运性小的部门。如原料开采、化纤、人造树脂、塑料、水力发电、钢铁、建材、森林工业、机械制造(部分),以及轻纺工业、制糖、罐头、肉类加工、水产加工和茶叶、棉花、毛皮等的粗加工业。原料地指向型产业大多是物耗高的产业部门,一般要考虑资源的数量、质量和开采的年限,还要考虑运输的能力等。

第三,市场指向(亦称消费地指向)。此类部门主要包括为当地消费服务的部门,以及产品易腐变质、不耐运、不易储存的部门。如重型机械、大型机械和特种机械的制造,建筑构件制造,面包、糖果、缝纫以及各类副食品生产部门。布局的要点是考虑产品本身的特性、产品就近销售的比重以及消费地所能够提供的产业间的协作规模。除此之外,城市中的传统服务业、小型企业等区位单位,其经营状况和生存与否主要取决于城市内的市场需求状况。

第四,劳动力指向。在劳动力指向部门中,劳动力费用的支出在产品成本构成中占有很大的比重,超过其他费用项目的支出。如仪器制造、纺织、缝纫、制鞋、制药、塑料制品以及工艺美术品等。劳动密集型产业的布局,往往考虑地区劳动力的供应情况。

第五,交通运输枢纽指向。对于产品耐运性较强、运费在产品成本中所占比重很高的部门而言,港口或其他转运点是最小运输成本区位。另外,若生产地与市场之间有直达运输线,企业布局在交通线的起点或终点可减少中转费用。

第六,高科技指向。高科技指向部门如电子计算机、生物工程、航天工业、机器人工业、新材料、新能源等,要求运用最先进的科技成果,研发能力强,设备先进,劳动力素质高,多布局在科研单位和大学聚集区附近,如日本的筑波、我国的中关村等。

第七,环境指向。对一些区位决策单位而言,区位的优劣主要取决于该区位上各种因素综合状况,即区位环境的好坏。比较典型的如某些高新技术企业的区位选择,更多地将受到该区位上科学技术、人才供给、创新刺激等方面的综合环境的影响。

(二)产业布局指向的新变化

由于企业规模技术特征、企业所有权状况、科学技术发展、市场竞争变化对产业布局产生影响,传统布局主要是对物质产品生产的布局,现代增加了对知识产品生产的布局。布局指向产生新变化:第一,无指向性产业增多。由于要素流动、网络和电子商业的发展,一些产业的布局指向越来越不明显。第二,聚集型布局指向出现,即许多具有生产关联和非直接生产关联的企业在空间上集中布局,以获取更多效益。第三,在传统区位因素的基础上,区域软环境、智力资源、网络等新区位因素日益重要。

（三）影响区位选择和产业布局的主要机制

影响各类经济主体的区位选择和产业布局的主要机制有四类：一是利益驱动机制，就是微观经济主体在利润、效用、福利最大化驱动下，作出区位抉择和布局决策；二是市场调控机制，市场通过价格机制引导和调节微观经济主体的区位选择和布局决策；三是宏观调控机制，国家或地方政府运用投资、财税等手段，改变区位优势，调整优化区域空间布局；四是目标驱动机制，通过建立国家、区域或企业发展目标体系，间接引导和改变微观主体的区位选择。

第三节 区域经济发展理论

一、区域经济发展的含义

区域经济发展是指在经济增长的基础上，一个国家经济结构、社会结构不断优化和高度化的演进过程。"发展"一词源于英文"Development"，它具有多重含义，既可以表示经济的增长、人们的富裕，又可以表示人类的美好、进步和文明，还可以表示政治、经济和社会结构的演进。

第一，区域经济发展不仅着重外延扩大再生产，即经济规模的扩大，更强调内涵扩大再生产，尤其是科学技术进步和组织管理水平提高带来的经济效率的提高。

第二，发展是一个多层次的变动过程，它不仅涉及物质产品生产的增长，而且涉及社会和经济制度的完善以及人们价值取向的变动。

第三，发展是一个长期的变动过程，短期的经济波动并不能真正反映经济发展的本质特征。

第四，发展不仅代表人类的进步过程，还蕴含着人类所采取的开发行动，如各种开发方案、各项政策措施，以及开发的结果。

二、区域经济非均衡增长理论

区域经济均衡增长理论的理论基础是经济增长理论，实践基础是发展中国家和欠发达地区的经济社会状况。目的是通过对发展中国家和欠发达地区总体情况的分析,提出使其摆脱贫困,实现工业化和现代化的路径。这一理论产生于20世纪40年代,有代表性的学者是拉格纳·纳克斯和罗森斯坦·罗丹等。以上两种均衡发展理论,都把启动发展中国家经济发展的切入点选在了投资环节,特别是罗丹提出的在工业化初期,应将投资的重点放在基础设施和轻工业部门的理论,不仅在当时的历史条件下是合理的,而且对当前我国西部大开发战略的实施也有极好的借鉴意义。

但是由于这些理论的创建者,均没有提出该理论的阶段性或时限性,使其在实践中出现了普遍以牺牲较发达地区的经济利益为代价、降低经济效率的诸多案例。此外,虽然他们强调政府在推进发展中国家和欠发达地区经济发展中的作用是正确的,尤其是在工业化发展的初期阶段,政府的作用是市场所不能取代的,但这也应有个时限。并且,由于各地区的差异,在经济发展中非均衡是常态,不可能达到理想中的均衡发展。这正如恩格斯所讲的:"在国与国、省与省,甚至地方与地方之间,总会有生活条件方面的某种不平等存在,这种不平等可以减少到最低程度,但是永远不可能完全消除。"

经典区域经济非均衡增长理论发端于现代区域经济学学科正式形成及早期发展的20世纪50—60年代,在20世纪70—80年代不断拓展。20世纪90年代以来,中外学者对区域经济非均衡增长理论又做了进一步丰富拓展,区域经济非均衡协调发展理论、区域经济后发优势理论等蓬勃发展①。

(一)"极化—涓滴效应"理论

1.理论要点

非均衡增长理论的主要代表人物是郝希曼,1958年出版了代表作《经济发展战略》一书,倡导把非均衡增长战略作为经济发展的最佳模式。他认为,经济进步并不同时出现在所有地方,而一旦出现在某处,巨大的动力将会使得经济增长围绕最初的增长点集中。在经济发展过程中,往往一个或几个区域实力中心首先得到发展,增长点或增长极的出现必然意味着增长在国际或区域间的不平衡是增长本身不可避免的伴生物和前提条件。不发达区域应集中有限资源和资本首先发展一部分

①唐丽君.区域经济发展研究[M].成都:电子科技大学出版社,2016.

产业,以此为动力逐步扩大对其他产业的投资,带动其他产业的发展。

2.区域非均衡增长中的两种效应

第一,极化效应(Polarized Effect)的产生是由于发达区域高工资、高利润、高效率及完善的生产和投资环境,不断吸引落后区域的资本、技术和人才,从而使其经济趋于萎缩,区域间经济发展差距日益扩大。

第二,涓流效应(Trickling-down Effect,又译作"淋下效应""渗透效应")的产生,则主要通过发达区域对落后区域的购买力或投资增加以及落后区域向发达区域移民而提高落后区域边际劳动生产率和人均消费水平,缩小了其间的差距。

3.结论

在投资资源有限的情况下,经济发展应当实行不平衡增长战略。即首先集中资本投资于直接生产性活动部门,获得投资收益,增加产出和投入,待直接生产性部门发展到相当水平后,再利用一部分收入投资于基础部门,推动其增长。并应利用联系效应,选择具有显著前向联系(Forward Linkage)效应和后向联系(Backward Linkage)效应的产业,联系效应最大的产业就是产品需求收入弹性和价格弹性最大的产业,在发展中国家通常为进口替代产业。

在赫希曼看来,涓滴效应与极化效应相比,涓滴效应终究将会占据优势,当经由涓滴效应和极化效应显示的市场力量导致极化效应占暂时优势时,可通过国家干预政策(公共投资的区域分配政策)有效地矫正此种情势。

(二)循环累积因果论

新古典主义经济发展理论认为,生产要素在地区、部门之间自由流动,工资、利润由劳动、资本的供求运动自动趋于均衡。因而,市场机制的自发调节可以实现资源的最优配置,达到经济均衡发展的目标。瑞典经济学家缪尔达尔认为这一观点与经济发展的实际不相符。1957年,缪尔达尔在其所著的《经济理论和不发达地区》一书中,提出了循环累积因果理论。缪尔达尔认为,经济发展通过两种方式来实现:一是"回流效应",二是"扩散效应"。回流效应是指劳动力、资本、技术等受生产要素收益差距的影响,由经济落后地区向经济发达地区流动。扩散效应是把扩张动力从经济扩张中心扩散到其他地区,即当经济发展到一定水平时,劳动力、资本和技术等生产要素出现一定程度的从发达地区向落后地区流动的一种现象。

缪尔达尔将循环累积因果理论运用于区域经济发展,指出市场的力量通常是倾向于增加而不是减少区域间的差异,由于聚集经济效应,发达地区在市场机制作用下,会处于持续、累积的加速增长之中,并同时产生扩散效应和回流效应。在区域经济增长过程中,由于市场机制的存在,扩散效应比回流效应要小得多。在扩散和回流这两种力量悬殊的运动过程中,发达地区的经济增长呈现出一种不断上升的景象,而欠发达地区的经济则出现不断下降的趋势,即发达地区因其发达而愈加发达,欠发达地区因其欠发达而愈加落后。因此,一个区域的持续经济增长,是以牺牲其他区域的利益为代价的。

缪尔达尔指出,如果只听凭市场力量发挥作用,而不受任何政策干预的阻碍,那么循环累积因果的发展结果,将导致地理空间上的二元经济结构。逐渐扩大的地区间差距,不仅阻碍落后地区的发展,而且还可能使整个经济增长放慢。

在动态非均衡分析基础上,缪尔达尔提出了区域经济发展的政策主张,即在经济发展的初期,应采取非均衡发展战略,优先发展有较强增长势头的地区,以取得较好的投资效益和较快的增长速度。通过这类地区的扩散效应带动其他地区的发展。当经济发展到一定水平时,为了避免贫富差距的无限扩大,政府应制定一系列特殊政策来刺激落后地区的发展,以缩小地区差距。

(三)"倒 U 形"学说

1965年,美国经济学家威廉姆森以实证研究方法分析了世界上24个国家区域经济发展的指标后,提出了"倒 U 形"区域经济发展规律。

1.研究思路

威廉姆森首先收集1940—1961年世界上24个国家的区域所得、人口资料,以计算各国的区域不平衡指标。他通过进行横断面分析(Cross-section Analysis)的比较结果发现:经济发展较成熟的国家(如美国、英国、瑞典等),其区域间的不平衡程度较小,而中等收入国家(如巴西、哥伦比亚、西班牙等)则因为正处于经济起飞阶段,区域不平衡程度极大。其次,对10个国家进行时间序列分析(Time-series Analysis),以揭示单个国家区域收入差异的变化趋势。从结果可以看出,大多数已开发国家,其区域间不平衡程度多经历了递增、稳定和下降的三个阶段。

2.主要观点

在一个国家内,当经济发展处于初期阶段时,区域增长是不平衡的,区域经济差异一般不是很大;随着国家经济整体发展速度的加快,区域之间的经济差异就会随之扩大;当国家的经济发展达到一个相对高的水平时,区域之间的经济差异扩大趋势就会减缓,继而停止;在经济发展的成熟阶段,区域之间的差异就会呈现缩小的趋势。从长期看,区域增长趋向均衡。这样,地区经济差异与国家的经济发展水平变化在形状上像倒写的"U"字,故称为"倒U形"理论。

总之,非均衡增长理论主要根据区域经济不平衡发展的客观规律,并针对均衡发展理论存在的问题,强调不发达地区不具备产业和地域全面增长的资金和其他资源(如人才、技术、原材料等),因而理论上的均衡增长是不可能的。区域经济非均衡增长理论顺应了区域经济成长的一般规律,在不同时期在生产力布局的决策上要选择支配全局的少数发展条件较好的重点部门、重点地区或地带实行重点开发,逐步实现由不平衡到相对平衡的转变。区域经济成长从不平衡到相对平衡的演变过程是极化效应和扩散效应相互作用、相互转化的结果。在区域成长的初期,极化效应较扩散效应显著,区域经济差距呈拉大趋势,这种不平衡表现在生产要素首先集中在少数点或地区(增长极)上,可以获得较好的效益和发展。在区域成长后期,扩散效应变得更为重要,聚集经济向周围扩散渗透,并导致区域经济差异的进一步缩小。

事实上,均衡发展理论与非均衡发展理论并不像表面上看起来的那样各执一端,互不相容,两者也有统一的一面,只是侧重点不同而已。均衡与非均衡是贯穿于区域经济发展过程中的矛盾统一体,它们相互交替,不断推动区域系统从低层次向高层次演化。

三、区域可持续发展理论

(一)可持续发展的基本内涵

可持续发展的定义是:"既满足当代人的需要,又不对后代人满足其需要的能力构成危害的发展。"其核心思想是:健康的经济发展应建立在生态可持续能力、社会公正和人民积极参与自身发展决策的基础上。它所追求的目标是既要使人类的各种需要得到满足、个人得到充分发展,又要保护资源和生态环境,不对后代人的生存和发展构成威胁。

可持续发展的基本内涵应包括四个方面:第一,发展的内涵既包括经济发展,也包括社会发展和保持、建设良好的生态环境。经济发展和社会进步的持续性与维持良好的生态环境密切相连。经济发展应包含数量的增长和质量的提高两部分。数量的增长是有限度的,而依靠科学技术进步提高发展的经济、社会、生态效益才是可以持续的。第二,自然资源的永续利用是保障社会经济可持续发展的物质基础。可持续发展主要依赖于可再生资源特别是生物资源的永续性。必须努力保持自然生态环境,维护地球的生命支持体系,保护生物的多样性。第三,自然生态环境是人类生存和社会经济发展的物质基础,可持续发展就是谋求实现社会经济与环境的协调发展和维持新的平衡。第四,控制人口增长与消除贫困,是与保护生态环境密切相关的重大问题。

可持续发展思想符合经济、社会、生态环境系统相互联系、相互作用和相互制约的内在关系和要求,是符合人类和自然界发展规律的科学的新发展观。

(二)区域可持续发展

区域可持续发展是指应用生态经济学的原理方法,寻求区域经济发展与其环境之间的最适合关系,以实现区域经济与人口、资源、环境之间保持和谐、高效、优化、有序地发展。它的实质是在区域经济发展过程中要兼顾局部利益和全局利益,当前利益与长远利益,要充分考虑到区域自然资源的长期供给能力和生态环境的长期承受能力,在确保区域社会经济获得稳定增长、发展的同时,谋求区域人口增长得到有效地控制、自然资源得到合理开发利用、生态环境保持良性循环发展。可以说,区域可持续发展是区域经济发展的最高阶段。

区域可持续发展系统的构成是十分复杂的,它包括人类社会本身以及与人类社会有关的各种基本要素、关系和行为。根据其基本特点,可以把区域可持续发展系统概括为人口、资源、环境、经济和社会五个子系统。

第一,人口系统。人口系统是区域可持续发展系统的主体。加强科技教育,控制人口数量,提高人口素质,是实现区域可持续发展的关键。

第二,资源系统。资源系统是区域可持续发展系统的物质基础。合理地开发和利用资源是经济可持续发展的前提。

第三,环境系统。环境系统是区域可持续发展系统的重要组成部分。环境保护是可持续发展的必要条件,环境质量的好坏是可持续发展与非可持续发展的重要区别。

第四,经济系统。经济系统是区域可持续发展系统的核心内容。区域可持续发展首先是经济发展,只有经济发展才是解决资源和环境问题的根本手段。

第五,社会系统。实现社会的可持续发展是区域可持续发展的最高目标。社会系统的质量是人口、资源、环境和经济各子系统实现协调发展的关键。合理的政治体制、稳定的社会环境等因素是实现区域可持续发展的保证。

(三)区域可持续发展的识别标志

第一,区域人口数量。区域人口的出生率与死亡率应达到并保持基本的平衡。

第二,区域人均综合财富保持稳定并逐步增加。据世界银行报告,综合财富包括自然财富(如土地资源、水资源、矿产资源、生物资源等)、生产财富(如工矿设施、基础建设、固定资产等)、人力财富(如教育水准、科技能力、管理水平等)、社会财富(如社会有序、社会保障、组织能力等)。

第三,区域科技进步。区域科技进步的贡献率应当抵消或克服投资的边际效益递减率。

第四,区域资源要素。主要指标包括区域内的森林的采伐率与营造率之间保持基本平衡、草原的牧养量与载畜能力保持基本一致、地下水的抽取量与补给量保持稳定的动态平衡、耗竭性资源开采量与探明储量间的动态平衡。

第五,区域环境演化。主要指区域人类活动与环境的协调,识别指标有人为的温室气体的产生率与环境中的固定率在长时期内保持平衡,避免全球变暖现象加剧;环境污染源的物质排放量与环境自净能力基本平衡。

第六,区域社会管理。一是要在效率与公正之间寻找均衡点与结合点；二是要在环境与发展之间寻求某种积极的均衡，并设计定量监控指标。

第四节　经济地理理论

全球化发展使人们对经济地理学的兴趣日益增加，经济地理学的研究不断深入和丰富。在过去的三十多年里，经济地理学经历了某种意义上的复兴，包括理论基础的充实、研究方法的丰富以及经验研究范围的拓展。20世纪90年代末期以来，地理学家将研究重点转向社会转型和文化转型理论，经济地理学由此经历了文化转向、制度转向、关系转向和尺度转向。由以克鲁格曼为代表的西方大经济学家开始对地理或空间产生浓厚的兴趣，并将其引入主流经济学，他们在"重新发现经济地理学"方面的工作被称为"新经济地理学"的来临。

一、新经济地理学

"在哪里生产"是社会如何管理自己的稀缺资源所不得不面临的基本问题。新经济地理使用完全理性，追求效用最大化和有代表性的行为体或同质的行为体假设，新经济地理假设市场结构是给定的，且是不完全竞争的；新经济地理认为宏观层面的聚集经济发生在于微观层面的企业和消费者区位选择的结果；新经济地理是静态的均衡分析方法。

20世纪50年代，阿罗、德布鲁利用复杂的数学工具角谷不动点定理证明了竞争性一般均衡存在。之后，在一般均衡框架中如何纳入地理空间因素，就迅速成为学界争论的焦点，并逐渐形成了针锋相对的新古典和艾萨德两派。新古典派认为，空间因素可以视为商品属性的一个变量纳入一般均衡分析，而艾萨德派则认为，为了抓住空间对经济系统的本质影响，需要一种全新的模型。1978年，斯塔雷特提出了空间不可能定理，即在存在运输成本的情况下，且空间是均匀的，不存在包含运输成本的竞争性均衡。由此给出了上述争论的科学结论，即根据空间不可能定理，将空间因素融入一般均衡框架的途径至少包括空间异质、外部性以及不完全竞争三个层面。其中，比较优势理论、要素禀赋理论、杜能区位论、阿隆索单中心城市模型,经由空间异质性途径,在完全竞争框架中尝试让空间因素融入一般均衡框架之中。享德森的城市体系模型通过直接假定生产的外部性,卢卡斯和汉斯伯格的城市模型证明了在一个企业和住户任意分布的圆形城市中存在对称均衡的可能性,这些模型均在完全竞争框架内通过外部性的途径考虑了空间因素。然而,在空间异质性模型中,比较优势论、要素禀赋论忽视规模报酬递增、运输成本,杜能区位论和单中心城市模型将城市作为外生变量,本质上是局部均衡的;外部性模型也忽视了厂商层面的规模经济。为了处理厂商层面的规模经济,就不得不在不完全竞争框架中进行。贝克曼在企业报酬递增和与邻近企业进行寡头竞争的条件下,最先完整严密地揭示了均衡时企业数量如何取决于内部规模报酬递增和运输费用之间的权衡问题[①]。

1977年,迪克西和斯蒂格利茨把规模报酬递增和垄断竞争纳入统一的框架中,建立了规模经济和多样化消费者之间的两难选择如何实现的一般均衡模型。这一工作引起贸易增长和经济地理理论的革命。1991年,保罗·克鲁格曼在D—S垄断竞争模型中加入空间因素,构建了"中心外围"模型,这标志着新经济地理学的诞生。之后,他相继提出和发展了自由资本模型(FC模型)、自由企业家模型(FE模型)、资本创造模型(CC模型)、垂直核心—边缘模型(CPVL模型)、垂直自由资本模型(FCVL模型)、垂直自由企业家模型(FEVL模型)、全域溢出模型(GS模型)、局域溢出模型(LS模型)、线性自由资本模型(LFC模型)、线性自由企业家模型(LFE模型)和新经济地理学城市模型。经过多年的发展,新经济地理学已趋于完善和成熟。新经济地理学是当代地理学与经济融合最杰出的桥梁,对经济地理学产生了巨大而深远的影响。

二、制度经济地理学

经济地理学的制度转向可以被认为是制度主义在地理学中的一次成功运用。制度经济地理学认为,经济行为的差异很大程度上源于区域制度的不同。区域制度的差异可以以组织管理和企业化的形式存在于企业中,也可以以法律框架、非正式规则、政策、价值和准则等形式存在于区域层面中。这些差异导致企业利润、区域经济增长率和地区收入分配

---

①方大春.区域经济学 理论与方法[M].上海:上海财经大学出版社,2017.

等的差异,进而进一步导致经济行为体的空间分布差异。为此制度经济地理学必须以假设真实的地理空间为研究前提,因为只有真实的地理空间才有不同的制度,不同制度影响着不同区域经济行为体的决策。所以制度经济地理假设经济行为体是有限理性的,它们的决策依赖于惯例和制度。由此决定了经济行为体并不能简单假设一个具有代表性的个体,行为体在决策过程中并不是一味追求效用最大化,它们本身并不能做到这点。由于每个区域的制度、经济行为体都是不相同的,那么就很难采用标准的模型去刻画行为体和区域制度,采用正式模型的方法是不适合的,而是更多地采用案例研究,遵循从宏观区域制度到微观企业的分析思路,通过归纳推理得出具有普遍性的经济地理规律。经济地理学家们在应用这些不同的制度理论观点时,已经探索性地建立了自己的、具体的空间概念。

"制度空间"是指具体的地理区,在这里构建了特定的制度而且该制度拥有有效范围或影响空间,这样就可以定义制度空间的等级,从超国家制度空间(如国际性的贸易规则),经过国家级的制度空间(如每个国家的福利系统等),到区域和地方的制度空间(如地方政府结构)。"嵌套性"就是指各地不同制度空间的组合、相互作用以及联结模式。这样,在同一个国家经济空间内,当人们从一个区域到另一个区域时,不仅可以感受到制度嵌套性变化的详细情况,还可以感受到它们的相互作用。正是在这层意义上,人们可以谈论不同的"地方制度体制"。制度体制在国家级层面上的差异是导致国家在经济组织、发展和增长动力方面出现差异的一个关键因素。在每一个国家,资本主义都是嵌入在不同国家的具体的制度结构中的,这种制度结构的差异使"美国的资本主义"不同于"法国的资本主义"或者"日本的资本主义"。但同时,国家内部区域之间甚至是地方之间也存在制度体制的重要差异。经济地理学家利用"制度厚度"概念去认识这些差异。

阿明和思里夫特定义的"制度厚度"有四个重要的构成部分:一是以制度安排(企业、地方权威、金融机构等)的形式存在着的强大的制度;二是这些制度之间高强度的相互作用,以促进相互的网络化合作和交换,从而在地方制度安排的整体中产生一个高度的相互同构现象;三是为了最大限度地降低地方主义和制度间的冲突,制度厚度必须依赖那些成熟的统治、联盟构建和集体再现的结构;四是包容性和集体动员的观点,也就是共同目标的出现,即区域或地方社会经济的发展得到广泛认同的议程或计划的共同目标。

三、演化经济地理学

演化方法假设行为体是有限理性、行为体异质和行为受惯例影响并不是追求效用最大化假设。演化方法则认为市场结构是由企业进入、退出和创新等导致的内生演化的结果。在产业发展的早期阶段,许多企业可以自由进入,市场结构是一种完全竞争,而随着企业发展以及组织管理和制度的不断完善,有些企业将因为组织管理不适面临重重困难而退出,而另外一些新企业进入也面临早期发展较好的企业的竞争和制度的约束,这时市场结构将是不完全竞争。

演化方法则遵循从微观层面的企业组织管理到中观层面的产业和网络的空间演化得出宏观层面的聚集经济。演化经济地理采用的是动态演化方法。演化经济地理学基础理论的建构主要来源于两个学科,即演化经济学和复杂科学。一方面,演化经济地理学借鉴演化经济学中的核心概念,如选择、路径依赖、机会和报酬递增等应用在经济地理中的核心主题上,从微观、中观和宏观层面的经验研究出发,以此来解释区域环境的空间特性对技术变革的新变化形式的潜在影响和"新奇"如何影响空间系统的长期演化;另一方面,演化经济地理吸收复杂性科学思想,把经济景观看成一个复杂自适应系统,以此来建构一个演化的经济地理科学。

当前基于复杂科学理论建构一个演化经济地理学,需要特别关注如下几个核心问题:一是关于演化经济地理的本体论;二是在研究方法论上更应该倾向于复杂的社会本体论的方法,而不是目前主导的复杂科学的模型方法;三是不管在理论还是经验研究上都必须清晰地界定空间性与复杂性之间的联系;四是出现的空间结构和特征仅仅是结果还是其本身就是一个复杂的系统。

演化经济地理学与制度经济地理学难以区分的原因之一或许是它们在很多方面是相同的,如都拒绝效用最大和均衡分析,重视制度在经济发展中的作用。然后演化经济地理对制度经济地理的批判和发展就是围绕制度展开,甚至一些相当有影响的演化研究案例中并没有考虑制度的作用。因为从演化视角来看,经济地理学中的制度方法存在以下两个主要的问题。

第一,即使演化主义认识到制度存在的重要性,但是认为这种制度对决定企业行为和产业动态化是松散的。因为即使企业存在于同样的区域制度中,但是集群中的企业之间的地方化网络的联系程度是不均匀的。一些集群企业与当地的知识网络联系紧密,而其他一些联系则很弱甚至根本没有联系。所以大部分制度对企业来说是无约束性的或者在企业层面来讲具体的影响差异是非常大的。另外,一个单一部门的企业可以在不同的区域使用相同的一组惯例,而不必拒绝接受地方化的环境也说明了同样的问题。所以,对企业来说,组织管理比制度更加重要,企业自身发展的组织管理是构成其竞争优势的一个主要因素。

第二,演化主义学者强调部门制度的重要性。部门制度能够通过供应链和跨区域协调经济和创新行为。在许多部门中,具体制度是在处理产品质量、价格、工资的确定、进入需求、技术标准和津贴等重新发展起来的,是隶属于部门的,而且难以复制。为此,演化经济地理学转向企业的组织管理,采取从微观企业组织管理到宏观的研究思路。

由于演化经济地理是从企业本身的组织管理出发作为研究的起点,这并不需要假设真实的地理空间作为研究前提,而是一种中性的空间,这有别于制度经济地理,这种选择具有理论上的原因而不是因为选择采用模型的方法而作的简化。演化经济地理认为地方特性(如地方制度)并不决定新部门的区位,在新部门发展的早期阶段环境的影响是非常小的。随着时间的推移,越来越多的部门建立和部门结构网络的形成,中性空间开始转变成真实的空间。因为新部门的建立、发展以及部门结构网络的形成会导致路径依赖,并引起制度的改变或调整。由此导致新建立的制度支持经济行为体的发展,而不是如制度方法认为的在一开始就决定部门的区位。故演化方法和制度方法在经济地理中的差异就是组织管理与区域制度之间的差异。演化经济地理认为企业为了市场份额的竞争是基于过去建立和发展完善的具体惯例,而不是区域制度。组织管理与区域制度是正交的,但是两者可以统一在一个动态的框架中,在这个框架内制度和组织管理共同演化,特别是在新出现的产业中。为此,演化经济地理须采用正规模型的方法进行动态演绎推理,而不是制度方法的静态分析,当然演化经济地理也并不排斥案例研究,归纳推理的方法不可避免。

四、"新"新经济地理学——空间经济学的新方向

新经济地理学研究区域途径无不以代表性微观主体行为分析为特征,自觉或不自觉地假定了企业之间、个人之间是同质的。在这种假定下,产业内任何企业或个人的区位选择,在一定的地理和市场环境下都是相近的,经济活动空间分布仅仅被解释为环境的产物。因而,上述途径不仅停留在中观的产业层面,而且都是"环境决定论"。然而,在现实的经济地理世界中,同一产业内的不同企业之间、劳动者之间以及消费者之间存在显著差异,在同样的地理和市场环境下,它们的区位选择是不尽相同的。从这一角度讲,经济活动的空间分布是微观主体和环境互动的结果。因此,为了理解和把握经济地理的规律,必须深入微观的企业层面,重视和考虑微观主体异质性的作用。

"新"新经济地理学的基本思路是在集聚效应和选择效应的综合作用下,异质性微观主体(企业、消费者、劳动力)会通过渐进式自组织方式逐步达到均衡稳定的空间结构,而一旦外部环境发生变化时(诸如交通条件、生产技术、人口规模、工业化程度等),原有均衡稳定的空间结构会被打破,系统重新在集聚效应和选择效应的综合作用下以渐进式自组织方式达到新的均衡稳定的空间结构。显然,与新经济地理学相比较,其特别之处主要是空间选择效应和渐进式空间自组织。

1. 空间选择效应

按照新经济地理学,地区之间生产率和发展水平的差距源于经济活动空间集聚带来的成本降低和效率提高。其中,空间集聚机理包括基于需求关联的市场接近效应。成本关联的生活成本效应和市场拥挤效应。市场接近效应、生活成本效应组成集聚力促使企业空间集聚,市场拥挤效应形成分散力促使企业分散。"新"新经济地理学则认为,新经济地理学夸大了集聚经济的作用,地区之间生产率和发展水平的差距还来源于异质性微观主体的空间选择效应。微观主体的空间选择效应是市场竞争优胜劣汰的结果,这种空间主动选择行为在不同的模型框架、不同的

市场规模和不同的贸易条件下会表现出不同的特征,但主要包括正向空间选择效应和逆向空间选择效应两类,即具有"双向选择效应"。

就正向空间选择效应而言,从异质性企业来看,研究发现,高生产率企业倾向于选择在核心地区,而低生产率企业选择在边缘地区,这主要是因为市场规模较大的区域存在激烈的竞争,高生产率企业具有更低的边际生产成本而能够在激烈的竞争中生存下来并且出售更多的产品,所以高生产率企业选择布局在核心区以占领更多的市场份额;而低生产率企业为了避免竞争,选择布局在边缘区,力求通过运输成本等壁垒来维持市场份额。

对于异质性消费者,研究发现,偏好较强的消费者倾向于选择在核心地区;而微观异质性劳动力会根据个人技能禀赋进行自主区位选择。一般地,高技能劳动力倾向于核心区域,而低技能倾向于边缘地区,人才向大城市集中会吸引高效率企业选择大城市,后者则会吸引高技能人才选择大城市。这与格莱泽消费者城市理论的结论是一致的。

就逆向空间选择效应而言,目前的研究主要体现在企业层面,研究发现,在特定市场环境中,高生产率企业会选择在边缘地区,而低生产率企业选择在核心地区,认为高效率企业迁移会导致更严重的竞争进而对聚集望而却步。因此,最先迁移的是低效率企业,而低效率企业在区位选择上更自由。这就说明,集聚效应,导致地区间生产率的差距,进而引起进一步地聚集。但反过来,地区间生产率的差别、空间集聚并不一定至少并不全是集聚效应的结果,因此从这个角度来说,新经济地理学夸大了集聚效应的作用。

考察企业异质性在集聚过程中的作用和集聚对区域经济发展的影响,发现不同企业随市场选择而发生分离,生产率较高的企业倾向于向发达的核心地区发展,而生产率较低的企业由于自身竞争能力因素倾向于迁移到不发达的边缘地区生存。不仅如此,由于核心地区都是具有较高生产率的企业集聚区,大多数企业都有出口和内销的能力,更需要市场关联的专业化运作,所以核心区域的产业多样化和市场规模庞大是吸引高效率企业的关键因素,而这些因素都是边缘地区所不能提供的。

2.异质性劳动力集聚模型研究

工人存在先天的技能差异,产品也具有差异性,优质的产品对工人的技能要求更高,产品卖到外地需要同时支付运输成本和包含固定质量损失的信息成本,从而贸易优化的结果是较高技能的工人选择在较高技术要求和收入较高的地区就业,较低水平的工人则选择在边缘地区。阿米蒂和皮萨里德斯认为劳动力异质对企业来说,增强了区位市场的垄断力量,也产生了劳动力与企业的匹配问题,劳动力的异质性特征会导致企业与工人之间更容易匹配,匹配的效果影响企业生产效率,进而带来产业集聚和区际贸易,并促进企业在一个区域内集聚,这种马歇尔的劳动力池效应有利于增强产业地集聚力。维纳布尔斯认为城市本身是一种自我选择机制,高技能的劳动者主动选择在大城市生活,并把这种区位选择视为高技能的信号显示机制,从而提高了城市中劳动的匹配程度,并最终提高了城市劳动生产率的平均水平。弗雷德在外部性存在条件下分析了生产和住房区位模式对劳动技能异质性的影响,研究发现,异质性技能和相对同质的土地需求之间的相互作用会引起技能分割和集聚,并且对高技能工人更具有吸引力的核心区域在供应链的各个层面上拥有更大的生产份额。

第三章 区域经济发展的区位条件

第一节 经济地域综合体

经济地域综合体是区域经济发展中一种重要的空间组织形式。这一概念最早是苏联的学者提出来的。基于对苏联实践的研究,已经形成了比较系统的经济地域综合体的理论。该理论对前东欧社会主义国家和我国的有关理论研究和实践都产生了较大的影响,也引起了欧美学术界的重视。这里,我们重点介绍苏联的经济地城综合体理论[①]。

一、经济地域综合体概述

(一)经济地城综合体的概念

经济地域综合体是一个基本含义相近但具体说法颇多的概念。常见的就有生产地域综合体、地域生产综合体、地域综合体、地区综合体、经济地域综合体、社会经济地域综合体等。

这些名词的差别反映了有关研究内容从单纯的生产领域扩展至整个经济领域,乃至经济和社会领域的变化。不过,从研究的具体内容看,基本上是在经济领域,重点是生产过程。

最早研究此问题的权威科洛索夫斯基认为,"经济地域综合体是在一个工业点或一个完整的地区内,根据当地的自然条件、运输条件和经济地理位置,恰当地安置企业,从而获得特定经济效果的各企业间的经济结合。"苏联国家计委生产力研究委员会主席涅克拉索夫认为,地域生产综合体是以国内一定地区的劳动力资源和自然资源为基础发展的专业化部门企业的空间组合。现在,学术界一般都把经济地域综合体看成社会化大生产的地域组织形式,是以专业化部门为主体,由相关的辅助性

---

①邢俊,翟璇,柯海倩. 区域经济治理[M]. 成都:西南交通大学出版社,2017.

部门和为地区服务的自给性部门结合而成的。

经济地域综合体的经济意义在于,能够促成区域内各经济部门的有机结合,通过专业化与协作,形成内部联系紧密的经济系统,增强经济运行的稳定性,提高产出能力和效益;通过完善生产体系,综合利用自然资源,提高资源利用效率,保护自然环境;各经济和社会组织共同利用统一的基础设施,可以节约社会公共投资,获得外部经济效益;有利于以它为中心,开展大规模的区域开发活动。

(二)经济地域综合体的特点

经济地域综合体是具有较高组织水平的区域经济空间组织实体,它有以下几个特征。

第一,经济地域综合体的主体是专业化生产部门及其相关的综合发展部门。其目的是为区外提供某些重要的产品,进行区际产品交换,服务于全国或大经济区经济发展的需要,从而体现出地域分工。

第二,经济地域综合体的专业化生产部门是建立在区域的自然资源优势基础之上的,所以,它的分布是以自然资源的分布为依据,一般不受行政区划的限制。它的基本设想是以资源综合利用为原则,在优势自然资源集中分布的地域内,形成从资源开发、原材料生产中间产品和最终产品生产的完整生产体系。

第三,经济地域综合体内不仅形成完整的生产体系,还要发展完善的为区域生产和生活服务的基础设施(如交通、通信、动力、给排水设施等),建立社会发展所需的教育、医疗、文化、住宅等部门,实现经济与社会协调发展。

第四,经济地域综合体是在科学规划指导下,有计划地建设而成的。它的专业化部门选择和相关综合发展部门的建设、社会发展部门的建设、建设地域选择和范围划定、建设步骤设计等都是按计划进行的,并且是以全国或大经济区的经济社会发展整体要求为根据的。

从这些特点不难看出,经济地域综合体是在计划经济体制下形成的。对我国而言,随着社会主义市场经济的建立,计划对区域经济的干预大为减弱。但是,经济地域综合体的科学规划原理和建设方法仍然是值得学习和借鉴的。

(三)经济地域综合体的类型

经济地域综合体一般有以下几种类型。

第一,按经济结构特征分,有原料型、加工型综合型经济地域综合体。

第二,按形成的主要因素分,有矿物—原料型、燃料—动力型、农业原料型、劳动力资源型、消费品型经济地域综合体。

第三,按经济开发水平分,有在新开发区建设并由新企业联合形成的经济地域综合体,有在已开发地区把改建、扩建、新建企业结合在一起形成的经济地域综合体。

第四,按在劳动地域分工中的作用分,有具有主要供出口的产品生产部门的经济地域综合体;具有全国意义的部门,产品供全国各地消费且部分出口的经济地域综合体;具有区际意义的部门,产品供许多地区消费的经济地域综合体;具有地区意义的部门,产品供区内各小区消费的经济地域综合体。

第五,按地域范围分,有大范围的经济地域综合体、中等范围的经济地域综合体、小范围的经济地域综合体。

二、经济地域综合体的结构

(一)经济地域综合体的要素构成与组合方式

经济地域综合体是由多个要素所组成的经济(社会)系统。根据功能的差异,可以把这些要素分为下列几种:①经营性要素,即主导专业化部门,它是综合体的核心;②关联性要素,即与专业化部门有直接的投入或产出联系的部门;③依附性要素,即以专业化部门的废料为原料的部门;④基础性要素,包括生产性基础设施、社会性基础设施,以及结构性设施(如国家机构、教育机构、科技机构等)。有人也把这些要素分成专业化要素、辅助要素和服务要素。

经济地域综合体内的各要素组合方式有两种。一是根据生产循环实施组合,主要是经营性、关联性和依附性要素按照某一资源或产品的生产工艺技术流程以专业化生产经营为核心相互结合起来,形成资源开采、原材料生产、加工、制造一体化的生产循环体系。二是为满足生产和生活服务需求实施组合,发展基础设施,以保障生产循环的顺利进行和社会进步。

(二)专业化与综合发展

专业化与综合发展是经济地域综合体结构形成的基本原则。在经济地域综合体的部门组合中,专业化部门是指主要向区外提供产品的部门,其中,又可分为主导专业化部门和一般专业化部门。前者是指对区域经济发展贡献很大、产业关联性强、代表区域经济发展方向与水平的部门;后者是产品主要输往区外,但在区内产业关联性小,对区域经济发展影响有限的部门。综合发展的部门则是与专业化部门有着前向或后向联系的关联性部门,为专业化部门提供配套服务或产品的部门,以及为专业化部门正常运行服务的基础性服务部门。

专业化部门发展的主要意义在于,能够发挥当地的资源优势,开展区域之间的分工,确立本区域在全国或大经济区中的地位;同时,又能形成区域的经济组织核心,依靠专业化部门的发展来带动和组织其他部门的发展。综合发展的意义在于,一方面保障和支持专业化部门的发展,另一方面能够充分利用区域内没有被纳入专业化生产的有关资源,并满足区域内生产和生活多方面的需要。

专业化部门的选择依据是,有相应的资源优势做基础,包括自然、技术和人力等方面的资源,产品有广阔的市场需求,有较好的产业基础。判断一个部门的专业化水平可以用区位商和专业化指数。区位商是区域中某部门的就业人数或产值占区域总就业人数或总产值的比重与全国该部门的同类比重之比。专业化指数是某工业部门的产值占全国的比重与区域工业总产值占全国的比重之比。一个部门的区位商或专业化指数越大,则专业化程度越高。

在专业化部门中再选出主导专业化部门的标准是:对区域经济增长贡献最大产业关联性、最大需求收入弹性高,技术上处于兴旺阶段。专业化部门选定之后,就要根据专业化部门在产品生产中对资源和原材料供给、产品利用、技术服务、生产设备供给、废料利用等的需要,选择和发展属综合发展的部门,从而形成内部分工协作、结构有序的生产体系。

(三)经济地域综合体的空间结构

经济地域综合体的空间结构一般是根据专业化部门与综合发展部门

的关系,以专业化部门的企业布局为中心,结合区域的资源分布人口分布城镇分布等情况,合理设置综合发展部门而形成的。所以,主要采用企业成组布局的方式,即把相关企业按内在联系集中设置在同一地区。

苏联学者曾提出了一个假想的经济地域综合体圈层空间结构模式。该模式认为,经济地域综合体的核心是工业枢纽或工业中心,各类企业围绕它呈圈层分布。在这个圈层结构中,主导专业化部门的大型联合企业组成枢纽的核心。由此向外,第一圈层分布的是与核心企业有直接生产联系和利用其废料的企业;第二圈层是为核心企业和第一圈层服务的企业;第三圈层是专门为各圈层企业的职工及家属服务的企业;第四圈层是直接为工业枢纽服务的农业单位;第五圈层是交通和邮电业;第六圈层是为枢纽居民服务的各种非生产性机构,如商业、文化教育和卫生等部门。显然,这个模式只是简单的设想。实际上,经济地域综合体的空间结构远比它复杂。

三、经济地域综合体理论的现实有效性评价

经济地域综合体理论基本上是在计划经济体制下构建起来的。随着世界范围内纯计划经济形态的消失,人们自然会思考经济地域综合体理论在市场经济环境中的现实有效性问题。我们认为,在市场经济环境中,经济地域综合体理论的某些内容(如完全按计划建设与管理)已显得过时,但是仍然有其理论和实用价值。首先,经济地域综合体本身有其存在的客观基础,经济地域综合体理论是在对这一客观事物的认识、研究中发展起来的,而不是凭空想象出来的。无论在计划经济环境中,还是在市场经济环境中,都可以找到不同类型或发育水平的经济地域综合体,因此,也就有对其进行研究的必要,并形成反映其内在规律的理论。其次,经济地域综合体理论在较大程度上揭示了经济地域综合体内部要素结构、部门关系、空间结构等形成、变化规律。这仍是我们今天认识经济地域综合体的理论依据之一。最后,经济地域综合体理论中关于经济地域综合体建设的一些思想,对于我们展开区域经济布局、区域规划等具有一定的参考价值。

第二节 区域分工和比较优势

当我们面对一个具体的区域时,我们发现区域经济发展的条件差别巨大,所以需要根据不同区域的发展条件进行分工。区域分工是形成区域比较优势的前提。

一、区域分工

区域分工理论的起源较早,一般可以追溯到现代经济学之父亚当·斯密提出的绝对利益理论。从绝对利益和比较利益理论到新兴古典分工理论,区域分工理论经历了一个漫长的发展沿革过程。

(一)绝对利益与区域分工

1.绝对利益学说

绝对利益或绝对成本的概念,最早是由亚当·斯密在1876年出版的《国富论》一书中提出的。

亚当·斯密从一般制造业工厂内部的分工入手,进而分析了国家之间的分工,认为各国可以利用再生产某种产品的绝对优势来进行专业化生产,并以此专业化产品来同其他国家进行贸易。亚当·斯密的国际分工原则,是建立在生产商品的成本差异的基础之上的,而这种成本差异是绝对的。

一个国家购买其他国家的某种产品而不自己生产,是因为该国不具有生产这种产品的绝对优势,也就是相对于购买其他国家生产的该产品而言,本国生产的成本太高。

与之相对应,一个国家之所以能够向其他国家卖出某种产品,是因为该国具有生产这种产品的绝对优势。据此,亚当·斯密进一步指出,各国生产成本的差异可以归结为生产效率的差异,而之所以会形成生产效率的国际差异,主要是因为各国所拥有的优势不同。他把这种优势分为两类:自然优势和可获得性优势。前者指超乎人力范围之外的气候、土地、矿产和其他相对固定状态的优势,后者指工业发展所取得的经济条件,如资金、技术等。一个国家在生产和输出某种商品上具有自然或可获得性优势,也就具有成本优势。

虽然亚当·斯密的分工理论是针对国际分工和贸易领域提出的,但同样也适用于区域分工。也就是说,任何区域都具有其绝对有利的生产条件,并且各区域的专业化生产能够提高生产效率。各区域按照绝对有利的生产条件进行分工,生产成本最低的产品,然后在区域之间进行交换,能够使各区域的资源和生产要素都得到最有效地利用,从而提高区域劳动生产率,增进区域经济利益。但是,绝对优势理论也存在一个明显的缺陷,就是它没有说明不具有任何绝对优势的区域如何参与区域分工并且从中获利的问题。

2.绝对利益的获得

一些地区在某些产业或某类产品的生产效益上占优势,另一些地区在另外一些产业和产品上占有优势,不同地区各自着重发展自己具有优势的产业和产品,相互交换,即形成所谓的绝对利益。

(二)比较利益与区域分工

1.比较利益学说

大卫·李嘉图在1817年出版的《政治经济学及赋税原理》一书中,以劳动价值论为基础,根据两个国家、两种产品模型,论证了比较利益的存在以及在国家贸易理论中的应用,从而奠定了比较利益学说的基础。

按照比较利益学说,即使是不具有任何绝对优势的区域,也能参与区域分工,并且从中获利,从而弥补了绝对利益学说的缺陷。李嘉图列举了一个著名的酒和毛呢的例子来说明这个问题。假如葡萄牙生产一定单位的葡萄酒要耗费80个工人一年的劳动,生产一定单位的毛呢需要耗费90个工人一年的劳动,而英国生产同样数量的葡萄酒和毛呢则分别需要耗费120个工人和100个工人一年的劳动,则不难看出,葡萄牙在生产这两种商品上都具有绝对优势,而英国在生产这两种商品上都处于相对劣势地位。

那么按照绝对利益学说,葡萄酒和毛呢都应该集中在葡萄牙生产,这样一来,葡萄牙和英国在这两种产品的生产上就不存在分工问题了。但是,按照比较利益的原则,两国之间在这两种产品之间的分工不仅是可行的,而且是更有效率的。就葡萄牙而言,其从事葡萄酒生产比从事毛呢生产具有优势,因此应该集中于生产葡萄酒;反之,对于英国而言,其从事毛呢生产比从事葡萄酒生产具有优势,因此应该集中于生产毛呢。这样一来,两个国家在这两种商品上的分工不仅能得以实现,而且还节约了劳动,增加了产出。

2.比较利益的获得

虽然李嘉图的比较利益学说是针对国际分工与贸易提出的,但同样也适用于区域层面。实际上,按照比较优势原理,区域分工的决定性因素是区域机会成本。

(三)要素禀赋理论

要素禀赋理论也称赫克歇尔—俄林模型(简称H—O模型),最早是由瑞典经济学家赫克歇尔于1919年在一篇文章中提出,后为他的学生俄林所继承和阐释,并在1933年出版的《地区间贸易和国际贸易》一书中,形成了比较全面系统的要素禀赋理论,俄林也因此获得了1977年的诺贝尔经济学奖[1]。

H—O模型突破了古典经济学劳动价值论的观点,以新古典经济学作为区域分工和国际贸易理论的基础,用生产要素禀赋差异导致的价格差异代替李嘉图的生产成本差异来进行研究,认为区域分工以及国际贸易产生的主要原因是各地区生产要素的丰裕程度,并由此决定了生产要素相对价格和劳动生产率的差异。俄林假定,商品在区域间可以自由移动(无运费),而生产要素不能自由移动。不同区域的生产要素禀赋不同,也就是生产要素的供应丰裕程度不同,会引起两区域生产要素相对价格比例不同。

根据生产费用理论,生产要素价格比例不同,会影响到两区域生产出的商品相对成本比例不同,从而在孤立的状态下会影响到两区域商品相对价格不同。而且,正是由于两区域商品相对价格不同,才会导致区域贸易的发生。一个区域输出那些含有区内供应丰裕而价廉的生产要素的商品,输入那些含有本国供应稀缺而价高的生产要素的商品。

通过这样的自由贸易,地区间可以获得比较利益,而且在生产要素自由流动的条件下,贸易的结果可以使商品价格均等化,某种程度上也可以使生产要素价格均等化。若要用一句话概括H—O模型的实质,那就是生产要素的丰裕程度决定了商品相对价格和贸易格局。

---

①徐琴.区域经济与国际贸易研究[M].北京:北京理工大学出版社,2016.

俄林的价格差异指的是相对价格差异,假定在只存在资本和劳动力两种生产要素,并且生产每一种产品都需要使用这两种要素的情况下,各国和地区将出口那些较多使用本国和本地区富裕的生产要素的产品,即资本富裕的国家和地区出口资本密集型产品,而劳动力富裕的国家和地区将出口劳动密集型产品。也正因为如此,H—O模型。也被称为资源禀赋学说。

H—O模型以相对价格差异学说补充了斯密和李嘉图的以劳动价值论为基础的区域分工论,并且首先将一般均衡的分析方法运用于国际和区际贸易理论,影响巨大。

(四)区域分工理论的进一步发展

20世纪60年代以来,产业组织理论、博弈论等相关经济学基础理论的发展,为发展新的区域分工理论提供了重要的分析工具,区域分工理论得到进一步继承和发扬,涌现出了许多有代表性的学说和理论。

1.相似偏好理论

古典和新古典的劳动分工理论都是从供给和成本的角度来分析国际和区域分工与贸易,由于假设需求不变,因此很难解释收入水平相近、资源禀赋相似的国家或地区产生大规模贸易的现实。

针对这一问题和现象,瑞典经济学家林德在《论贸易和转变》一书中提出了相似偏好理论,从需求结构的角度来研究国际和区域分工与贸易。林德认为,H—O模型重视供给方面的作用,这比较适用于对初级产品出口问题地研究,而对工业品的国际贸易格局却缺乏说服力。

因为工业品要成为潜在的出口产品,首先必须在国内形成消费需求,即产品出口的可能性取决于它的国内需求,因为只有国内产品需求趋于饱和时,产品才有可能出口。他认为,之所以发生国际贸易,主要是因为贸易国之间存在着重叠需求,而且两个国家的需求结构越相似,那么它们之间形成的贸易量可能就越大。因为商品需求取决于消费者的偏好和兴趣,进而又取决于购买力和收入水平,因此两个国家或地区的发展水平越相近,则意味着它们的购买力和收入水平就越相近,由此导致的需求结构和需求偏好也越相近,在它们之间也就越容易形成贸易,贸易量也越大。

林德的偏好相似理论为解释"里昂惕夫之谜"提供了一个很好的思路,也说明了工业结构相同的国家之间工业品贸易为何最大等一些传统国际贸易和分工理论所无法解释的问题。

2.协议性区域分工理论

协议性区域分工理论最早是由日本学者小岛清提出的。林德的相似偏好理论主要是从需求角度论述了发展水平相近的国家和地区之间形成较大量贸易的原因,而小岛清的协议性区域分工理论则是从规模经济收益递增的角度来解答"里昂惕夫之谜"。

协议性区域分工理论认为,即使是在生产要素禀赋比率差异不存在的情况下,区域分工还是可能发生。他指出,即使在消除了比较优势差距,也就是市场力量不能决定专业化的基本方向的极端情况下,仍然存在为了向以较优技术水平的生产函数转移的分工,或者是存在为了相互获得规模经济的分工。

此外,小岛清认为,对于要素禀赋相同地区间形成的分工,虽然可以通过市场机制的作用来加以调节,但这要以资源的浪费和不合理使用为代价,并有可能引发地方保护或恶性竞争。相对于市场调节,小岛清认为由中央政府和有关政府出面,通过协商进行分工更有效率。正因为如此,他也把这种分工称为协议性区域分工。

3.相似条件下的地域分工理论

以克鲁格曼、赫尔普曼、格罗斯曼等为代表的一些经济学家将产业组织理论和递增的规模报酬系统地引入国际贸易理论,从而推动了新贸易理论的形成和发展。在新贸易理论中,对区域分工理论的发展贡献最大的要数克鲁格曼的相似条件下的地域分工理论。

克鲁格曼认为,国际分工与贸易的形成,特别是要素供给结构相似的国家之间形成的同类产品的贸易,是这些国家按照规模收益递增原理而发展专业化的结果,与国家之间生产要素禀赋差异关系不大。与小岛清相似,克鲁格曼同样认为规模收益递增是要素供给相似国家或地区之间形成分工和贸易的原因,但与之不同的是,克鲁格曼认为"历史和偶然"具有重要作用,是空间分工和差异的基础,而规模收益递增则不断强化这种既定的分工贸易格局。也就是说,国家和地区之间的分工和贸易格局,具有很强的路径依赖性。相似条件下的地域分工理论将规模经济作为一个重要的因素来研究国际贸易问题,能够更好地解释资源禀赋相近国家之间的分工和贸易问题,具有更广泛的解释能力。

4.新兴古典专业化区域分工理论

20世纪90年代以后,杨小凯运用超边际的分析方法,对传统的古典经济学理论发动了强有力的挑战,从而也掀起了一场声势浩大的新兴古典经济学革命。在区域分工理论领域,杨小凯等人也构造出一个与新古典区域分工模型不同的区域分工模型。他们认为,假定交易效率是交易规模的增函数,如果交易效率有提高,则均衡分工水平(贸易依存度)就会上升,反过来将扩大交易规模,因而提高交易效率,再进一步提高均衡分工水平。在新兴古典专业化区域分工理论中,存在一个关键性的概念,那就是交易效率。按照杨小凯的解释,交易效率是指"分工带来的好处与分工产生的交易费用的两难冲突"。此外,在新兴古典区域分工模型中,分工的实现也有赖于聚集效应,并且历史的、偶然的因素在区域分工进程中起着重要的作用,这与克鲁格曼的相似条件下的地域分工理论是一致的,不过这两个模型对于聚集效应产生的原因以及对区域分工问题的解释能力上还是存在着明显的区别。

二、区域经济发展的比较优势

李嘉图在研究比较利益时,指出国与国之间在生产率方面存在着很大的差距,即使一个国家在每一种商品的生产上都比其他国家绝对地缺乏生产率,它依然能够通过生产和出口那些与外国相比生产率差距相对较小的产品在国际分工中占有一席之地;而在每一种产品生产上都比其他国家绝对地具有较高生产率的国家,也只能通过生产和出口与外国相比生产率差距较大的产品获取贸易利益,这是比较优势概念提出的原因。

(一)比较优势的成因

根据区域分工理论,具有同样消费者偏好、技术、要素禀赋结构的国家将会有同样的均衡价格比率出现,因而就不会有国际贸易的动力。三者之中有一项不同,就会产生价格差异,使比较利益拉开差距。在同样的技术和要素禀赋条件下,一个国家可以在它的人民所不大喜爱(相对于其他国家人民的偏好而言)消费的商品中获得比较利益——该商品在该国价格会比较低廉。同样,如果要素禀赋和偏好相同,那么,比较利益将由相对技术效率利益决定;如果消费偏好和技术状况相同,则比较利益将会由要素禀赋的差异决定。

举例来说，假定美国一个纺织工人的产品是中国一个纺织工人产量的30倍，则美国显然拥有高得多的劳动生产率；而中国的纺织业能够占有市场的原因是——美国工人的小时工资（15美元）是中国工人小时工资（<0.5美元）的30倍以上。因此，中国纺织业可以凭借低得更多的工资率抵消低生产率的影响而取得国际市场的出口产业地位。

（二）比较优势的衡量指标

根据比较利益理论的原则，区位商指标值常被用来衡量比较优势。区位商（Location Quotient）是空间分析中用以计量所考察的多种对象相对分布的方法，它也同时将分析结论体现为一个相对份额指标值，即区位商值。区位商指标的优点如下。

第一，它解决了地区间贸易数据的问题。在有关比较优势讨论的文献中，通常都是依据各国出口产品内容以及占有国际市场的份额来判断各国优势的。在我们进行区际比较优势的研究与识别时，首当其冲的障碍就是无从获得有关区际贸易的统计数据。区位商指标帮助我们克服了这一障碍。

在区位商的第一种形式中，指标的分子部分反映了区域具体行业在区域产出结构中的产出份额，分母部分反映了该行业在整个国民经济中的产出份额。整个指标的优点是把各地区的产出结构（区域内部的各行业份额）放在更大的空间系统中，以整个国民经济产出结构作为参照系来判断各地区各行业的相对份额大小，借以判定地区产业的相对短长，由此揭示地区产出结构与整个国民经济产出结构的差异，进而表明各地区在全国劳动地域分工中的地位是出口区域抑或进口区域，以及进出口规模的大小。

第二，它体现了比较优势理论的内涵。依据比较优势理论，生产率可能会集中在某些经济发达区域，但是各种产品的市场竞争力（区域产品竞争力体现在区际市场的份额占有上）不会为任何区域垄断，而必然由参与分工与贸易的各区域分享。区位商指标恰恰体现了上述比较优势理论的内涵，它显示了各区域在各行业上的进出口贸易格局，从而反映了它们在各行业上参与区际贸易的竞争能力；同时也显示了这种竞争力（比较优势）绝不会为少数发达区域所垄断，而必然由各参与分工与贸易的区域所分享这一事实。

（三）比较优势的分类

比较优势存在于区域经济发展的各个方面，从存在的形式上看，可以有四种分类：有形优势与无形优势、绝对优势与相对优势、局部优势与全局优势、空间优势与时间优势。从来源上，又可以分为下面三类。

1.资源优势

资源优势是通过对资源的数量和质量的区域间的比较分析，认识到某个区域具有比其他区域更丰富、开发条件更好的资源富藏，并可以通过对资源的开发，形成优势的资源产业。单个种类资源的区域比较，可以通过各区域资源储量和品位的横向比较来确定。区域资源综合优势的比较，可以用资源的综合优势度的指标来衡量。

2.产业优势

产业优势是指区域的某类产业与其他地区的同类产业相比，生产成本较低、产品质量较好和所占有的市场份额较大，在这三个方面都具有优势。产业优势有时也被称为"竞争优势"，这是因为产业优势一般都是在市场竞争中取得的。如果单纯进行生产成本的比较，只要符合本地生产的某类产品的成本加上运到销售市场的运费，小于市场当地生产的同类产品的生产成本的条件，就表明该地区的该产业具有比较优势。如果进行综合的比较，仍然可以用区位商的指标，只要对指标的含义稍加更改。产业优势的区位商是指，某地区向全国输出的某类产品的价值比上该地区向全国输出的产品的总价值，与全国市场中该产品的输入总价值比上全国市场的总规模之比，结果大于1，表示有优势；结果小于1，表示没有优势。

3.环境优势

由于环境对人类经济生活的影响越来越大，拥有良好的环境，也能够形成经济发展的优势。环境优势是指一个地区拥有良好的自然环境和良好的人文环境，从而吸引更多的企业来落户。良好的自然环境是指废弃物的排放被限制在一定的标准之内，空气新鲜，林木和草地的覆盖率高，人们感觉到的舒适度高。良好的人文环境是指一个地区浓郁的文化氛围、较高的政府办事效率和文明的当地人的生活习惯等。由于智力资源的载体是人本身，而人们倾向于选择环境良好的区域生活，所以，环境优势常常成为吸引高新技术产业、旅游业等新兴产业的主要条件。

综上所述,比较优势对区域经济发展的作用,主要是为区域发展中的产业选择提供依据。当一个区域启动发展的战略时,在众多的产业和行业中选择一个自己要发展的产业和行业是十分困难的,比较优势原理则提供了这种选择的基本途径。

第三节 产业集群与区域发展

我国经济发展速度非常快,国家产业呈现显著集群现象。在现代化经济发展过程中,产业集群属于常见的经济现象,可以促进我国经济的可持续发展。本节分析了产业集群与区域经济发展,利用产业集群的效应,合理调配区域资源,为我国家经济发展奠定了坚实的基础。

一、背景简述

我国社会经济发展速度非常快,产业格局也相对固定,产业分布格局具有独特的特征,这代表着经济发展态势。我国市场产业存在明显的集群效益,集群效益代表在某个区域当中聚集着各类优势产业,产业集群可以加大产业内部的竞争力。新兴经济发展过程中需要避免这类问题,但是我国很多地区的优势产业具有集群现象,我国需要分析产业集群与区域经济发展,协调发展因素,保障产业集群的高效发展,促进区域经济可持续发展。

二、产业集群概述

产业集群包含销售途径和制造商以及消费者等方面,政府机构负责提供各种培训,制定针对性的行业标准,同时还包括各种民间组织。产业集群和普通的产业范畴是不同的,互相结合多个区域的不同产业,相互融合各类机构,建立共同体,可以发挥区域竞争优势。在考察某个地区的经济发展水平时,需要考虑产业集群发展情况[1]。

---

① 钟章队. 打造优势产业集群 助推区域高质量发展[N]. 人民政协报,2020-05-25(018).

(一)自然资源和交通条件

为了更好地发展产业集群,需要明确产业集群的影响因素。自然资源条件和交通运输条件直接影响到产业集群的发展。产业集群发展需要具备丰富的自然资源,同时交通运输条件也要具备便利性。为了落实商品贸易,需要提供便利的自然条件,这样才可以高效运输自然资源,促进经济发展,同时也可以降低企业生产的成本。利用交通便利条件,可以提高企业的经济效益,同时也可以吸引更多的企业投入到产业集群当中,使产业集群不断扩大。

(二)延伸产业链

产业集群要想全面发展,需要不断延伸和发展产业链,增加产业的金融机构和信息咨询结构等,这些产业可以推动各类厂商不断发展,同时还可以保障产业集群的专业性,整个产业集群的工作效率和竞争力也会因此提高,地区的经济发展也会被带动起来。延伸产业可以建立专业性的劳动力市场,产业集群发展会建立当地的劳动力市场,产业集群发展也需要大量的劳动力。产业集群的不断发展逐渐提高了劳动力专业化,劳动力的专业化也可以发展高素质劳动力,二者共同发展。经济开放性直接影响到产业集群发展,如果地区的经济比较封闭,当地的产业集群效果就比较差,因此我国需要加大力度开放经济,这样可以快速发展产业集群,产业集群的发展对我国经济发展具有一定的带动作用。

三、产业集群与区域经济发展的关联性

(一)产业集群对于区域经济的发展

企业在区域范围内发展速度非常快,并且发挥溢出效应,各类企业具备合作和竞争关系,建立了复杂的关系网络,根据产业链的布局,建立了不同的企业群,群内的企业相互协作和分工,可以节省整体生产成本,提高制造效率,达到显著的集聚效应,从而逐渐扩大产业集群内部企业的规模,同时也有利于吸引更多的企业进入到产业集群中。大量企业不断涌入产业集群,可以促进产业集群发展的稳定性,产业集群发展过程中需要更多的人才和资金,这样才可以稳定供给内部生产要素。产业集群各个企业不断沟通,可以高效传递技术信息,推动科学技术可持续发展,企业的加工效率也会因此加强,有效提升产业集群的创新能力。产业集

群发展可以促进区域经济可持续发展。产业集群可以发展区域经济,政府部门支持发展产业集群,吸引各类企业融入该区域,这样也有利于该区域不断流入人才和资金等生产要素,产业集群内部企业和职员不断交流合作,可以高速传播技术和知识,促进科学技术不断发展,使企业效率不断提高,因此推动区域经济的发展。

(二)区域经济对于产业集群的影响

在一定的地理范畴当中,很多企业需要遵守合理分工准则,创建区域性经济。在区域经济的加工制造环节中利用合作分工体制,企业需要追求规模效益,各类企业汇聚到资源丰富的区域,因此产生产业集群效应。区域经济具有开放性的特征,产业集群与区域经济二者具有紧密的联系,区域经济比较发达,这有助于形成产业集群,促进产业集群的可持续发展,保障整体发展效应。

四、产业集群与区域经济发展对策

(一)发挥政府的引导作用

发挥政府的引导作用,可以建立统一的市场经济。政府需要结合实际情况,制定针对性的产业集群与区域经济发展对策,落实创新实践,引导各类企业做好实体经济。政府需要完善制度法律规范,在资源配置过程中发挥市场的作用。政府需要在区域之间建立协调发展合作机会,落实跨区域的沟通,建立协调发展合作机制,根据各地区的资源情况,确定区域发展定位,同时可以对各区域的经济效益起到协调作用,这样可以实现区域经济的可持续发展。发展产业集群,需要结合现实条件和产业特点,根据市场规律发展产业集群,发挥政府的积极引导作用,提高区域经济的市场竞争力。

(二)加强交流合作

产业集群可以推动区域经济发展,企业需要做出科学的分工,我国贸易环境不断开放,需要科学规划产业发展,通过不同层面带动区域经济发展。区域内外部通过高效沟通,可以快速发展区域外部经济,同时还可以科学发展区域内部产业。产业之间相互协作,可以优化市场整体架构,同时可以更加合理地配置市场资源,集群产业可以促进区域经济发展,完善协调发展体系。产业集群有利于快速发展产业,产业综合竞争力也会因此加强,从而协调发展产业集群和区域经济。产业集群需要同步发展区域外部的产业,建立科学的产业机构,均衡布局区域空间。

(三)加强战略规划产业集群

政府需要发挥自身的发展经验,结合区域优势和产业布局要求等合理规划区域发展。政府需要制定科学的政策支持产业集群发展,结合政策全面评价产业集群与区域经济发展的作用,根据实际情况调整规划。政府需要指导和协调经济活动,发挥市场导向作用,聚集各类企业,为企业发展奠定良好的发展环境。制定开放性和长远性的产业集群规则,利用开放的集群系统,可以更加畅通地交流信息,增强集群的创新能力。完善产业集群规划,全面考虑集群企业的发展需求和区域经济发展情况,避免各企业竞争进入恶性循环阶段。结合规模经济和范围经济,利用区域网络联系众多企业,叠加所有企业的竞争力,突出集群竞争力。促使产业集群有效组织各类闲置要素,实现资源组织方式的有效性。产业集群需要有效转换资源优势,提高经济竞争力,提升区域竞争力。产业集群内部需要建立行业协会,严格规范行业发展,及时处理不规范的市场竞争行为,保障群体的利益。

(四)加强自主创新能力

我国需要加大力度投入科技方面的资金,不断提高产业集群的自主创新能力。加强自主创新能力,需要制定针对性的科技规划。以区域产业集群情况为基础,当地政府机构需要完善集群创新网络。落实区域经济协调发展,产业集群内部企业需要积极创新合作,使企业系统集成能力不断提高,灵活掌握各种关键技术,把握各类知识产权。产业集群转化各项创新成果的阶段,需要完善科技产业平台,创建平台阶段要发挥科技园区和专业技术孵化平台的作用,建立科技研究组织,有效管理不同的资源分享平台。

(五)营造区域创新环境

加强区域创新体系建设,可以为企业创新提供不竭的动力。加强企业创新,需要营造良好的环境氛围,引进先进的基础设备,在制度和人文等方面建立工作氛围,建立创新政策和激励机制等,促使区域内部的高校和科研院所以及企业等保持合作和竞争关系,企业的发展需在当地政府的科学引导下进行,逐步形成良好的区域创新环境,协调发展产业集群与区域经济,实现创新型建设目标。

产业集群与区域经济二者具有密切的关系,二者相互作用,我国需要协调发展产业集群与区域经济,提高产业集群的竞争力,带动区域经济快速发展,为我国整体经济建设奠定坚实的基础。

第四节　区域人力资本

时至今日,区域经济发展的一个变化,是人力资本的作用在增强,为区域发展中的产业发展提供推力。区域经济发展已经到了这样的时候:人力资本的开发成为区域经济增长的基本方式之一。

一、人力资源与经济增长

(一)人力资源的概念

所谓人力资源,是指某种范围内的人口总体所具有的劳动能力的总和。它又被称为"劳动力资源"。在通常情况下,人力资源是宏观意义上的概念,即以国家及大的地区为单位进行划分和计量的。有时人力资源这一概念,也用于部门和企业。

要进行社会生产,就必须具备人、财、物三个要素,即必须具备人力、资金、设备和原材料。资金可以看作是人力和物力的货币表现。因此,社会生产的最基本的要素,就是人力和物力,两者都具有物质实体。这种物质实体,也就是"资源",它是人力和物力赖以存在和发挥作用的物质基础[1]。

(二)人力资源经济增长理论

1.哈罗德—多马增长模型

哈罗德—多马增长模型将人口、资本、技术等因素在长期内视为变化的量,分析它们在连续的时间内与其他变量一起在经济增长中的作用和

---

[1]吕一清,邹洪,匡贤明.人力资本差异化影响区域经济增长的实证研究——基于新结构经济学视角[J].工业技术经济,2020,39(05):13-22.

相互关系。哈罗德—多马模型假设生产技术与资本—产出比例不变,强调资本积累对经济增长的决定作用。在这个模型中,人口、知识积累仍被视为外生变量,并隐含着把劳动力和资本视为同质的假定,资本和劳动力的固定比例只是在短期分析中有效,因为在长期中,生产技术和要素投入量可以变动。

2.索洛增长模型

根据索洛增长模型,当各国知识结构相差不多,技术可以自由流动时,经济增长率具有"趋同"的结果。舒尔茨等人从教育形成人力资本的角度解释了这种潜在的经济关系。舒尔茨认为过去的增长模型将国民收入增长率与要素投入贡献之间的巨大缺口统统归结于资源生产率等而掩盖了影响经济成长的一个重要因素——人力资本。实际上,在教育、卫生等方面的投资可以产生"知识效应"和"非知识效应",从而直接或间接地促进经济增长。针对美国的经济状况,舒尔茨通过实证分析认为,总要素生产率的绝大部分可用人力资本积累来解释,人力资本特别是产生人力资本的教育是现代经济增长的主要动力和源泉。

3.阿罗"干中学"理论

阿罗在20世纪60年代提出了"干中学"理论,认为舒尔茨等人主张的劳动力质量提高是生产率提高的源泉的思想可以在"干中学"模型中通过修正劳动力增加速度来体现。卢卡斯、罗默尔和格鲁斯等在此基础上,发展了内生的人力资本增长理论,重点说明学习和投资过程如何影响技术进步和经济增长。卢卡斯将人力资本作为一个独立的因素引入经济增长模型,这里的人力资本是"专业化"的。专业化的人力资本可以通过专门学习获得,也可以在"干中学"的过程中不断积累。正是这种不断增长的专业化的人力资本,才能促进产出的长期增长。

4.罗默尔三部门模型

罗默尔1990年构造了一个包括最终产品、中间产品和研究开发(R&D)在内的三部门模型,并得出如下结论:人均收入的增长率与社会投入于研究与开发中的人力资本的比重成正比,与人力资本在研究与开发中的边际产出率成正比,与时间贴现率成反比。此外,格罗斯曼和赫普曼也建立了模型,探讨了研究与开发、中间产品和最终产品中所凝结的人力资本以及它们之间的相互作用。

二、人力资本

人力资本是一种通过投资于已有人力资源而形成的、以复杂劳动力为载体的可变资本。它具有资本和复杂劳动力的双重属性。从内容上来说，人力资本是花费在人力保健、教育、培训、迁移等方面的于支所形成的资本。这种资本，就其实体形态来说，是活的人体所拥有的体力、健康、经验、知识和技能及其他精神存量的总称，它可以在未来特定经济活动中给有关经济行为主体带来剩余价值或利润收益。

(一)人力资本的特征

人力资本相对于物质资本而言，有一些自身的特点。

第一，人力资本的依附性。人力资本最为独特的，就是人力资本是凝结在人身上、附着在人体上的一种能力，它不能脱离人体独立存在。曾有学者说过：每个人都有属于自己的所有权，这种所有权仅属于他自己而不是别人。

第二，人力资本的被动性。人力资本是承载于人的身上，与人力资本所有者不可分割。人的意志和情绪始终控制着人力资本的利用和开发。当人力资本所有者受到限制或者侵害时，可以造成人力资本的利用价值下降或减少。因此，人的主观动机、努力和敬业程度以及责任心很大程度上决定着人力资本作用的发挥。

第三，人力资本的难以测度性。人力资本因人的能力和天资而异，难以有一个统一的度量标准，教育程度、培训、身体健康状况等虽能在一定程度上反映人力资本的大小，但仍相当模糊。同时由于人具有社会性，人力资本发生作用与同事、单位、社会等各方面的协作，甚至与一个人的为人处世的方法、性格等都有关。这些都使得人力资本的价值的发挥有很大的弹性，使人力资本的价值变得难以准确测度。

第四，人力资本的专业性。人的精力和体力非常有限，同时精通各门学科或在各个领域都有较高成就的人实属罕见。一般来说，人通过专业学习、培训，又经过一段时间的实践，会在某一方面和某几方面有所擅长，积累其人力资本。然而现如今，知识爆炸，专业类别愈加细化，人们所从事的工作也越来越专业化。全能式的人力资本不仅数量较少，其作用也越来越小，相比之下，专业性人力资本却越来越受到大家的关注。

第五,人力资本的累积性、递增性和创新性。人力资本与物质资本相比较,具有明显的累积性、递增性和创新性。众所周知,物质资本会随着不断使用而消耗,折旧就是个例子;人力资本则不然,它具有累积性、递增性和创新性,即使用次数越多,其资本价值和创新功能一般越大。

第六,人力资本的动态可变性。人力资本的可变性表现为一方面人力资本会不断增加,但另一方面也会发生贬值。如随着教育、培训费用和卫生保健支出的增加,加上不断的使用,人力资本会不断增加。然而,如果一个人不经常学习和更新知识和技能,缺乏与时俱进的知识积累,人力资本就会趋向贬值,因此人力资本具有动态可变性。

第七,人力资本的团队协作性。社会化大生产的发展在使人力资本专业性日益强化的同时,也促使其团队协作性日趋显著,具有专用性特征的人力资本如果不参加社会协作体系便没有用武之地。人力资本为体现其价值必须与其他专业化人力资本共同协作。

(二)人力资本的形成

人力资本形成的途径是多种多样的,无数种活动都可视为人力资本的形成或者人力资本投资。按照人力资本投资的形式和形成的途径区分,一般包括教育、培训、研究和开发、实验、"干中学"、迁移等。需要说明的是,传统的物质资本的形成是物质的生产过程,而人力资本的形成则不同,它是人的知识的积聚和能力提高的过程。从本质上看,人力资本的形成就是人力资本投资要素转化为个人能力的过程。其主要途径如下。

第一,教育。教育是人力资本形成的主要途径,基础知识和能力的形成一般都是通过教育来完成的。教育包括:由父母投资的作为代际教育后果的家庭非正式教育;通过各级教育机构而进行的正规教育。一般的较为初级的教育主要传授基本知识,它有利于整体增加人力资本。同时,由于知识的丰富、学习能力的增强,人力资本增长速度加快,在经过初级教育学习过后,部分人将接受高级的专业化知识和技能的教育或培训,人力资本将上升到更高层次。

第二,"干中学"。"干中学"是指个体亲自参加现场工作,在工作中通过学习、模仿和接受他人的示范、帮助而获得人力资本提升的一种方法。由于"干中学"属于边工作边学习,因而劳动年龄在此成为分叉点。在劳动年龄区间之外,是不存在"干中学"的,在劳动年龄之上和退休之前,存在"干中学"。"干中学"对人力资本形成的影响较为复杂。我们常说的技能性人力资本的形成更多地产生于"干中学"。相对而言"干中学"取得的人力资本多是经验层次上的。

第三,研究和开发。研究和开发是人力资本形成的一个重要途径,它包括基础研究、应用研究和技术开发。研究和开发是高智商的活动,人们通过它可以快速而又有效地进行知识和技能的积累。通过研究和开发,人力资本所有者可以积累知识并形成创新能力,从而形成一种以隐性知识和能力为主的人力资本。此外,通过研究和开发,还可以培养个体创造性的思维能力和群体的协作精神。

第四,职业技术培训。职业技术培训是指在正规教育培训结束后所进行的职业技能与技术的学习,它是人力资本形成的必要过程。职业技术培训一般要求脱产,其目的在于提高知识和技能。培训的次数越多,人力资本提高的速度就越快,人力资本的总量也就越高。职业技术培训的这一特点,使得人力资本的上升具有跳跃性。每经过一次培训,有了一定的知识积累,人力资本增加的速度就会加快。

(三)人力资本对区域发展的作用

人力资本投资与资本、劳动、技术进步一起,推动着产业结构的升级,促进区域经济的快速增长,而且在此之中人力资本的作用越来越突出。

1.人力资本需求对区域经济发展的引导作用

人力资本需求对产业结构升级的引导作用指的是由于人力资本对产品和劳务的需求的增长而产生的对产品结构与产业结构升级的促进,这着重体现在数量与质量两个方面,即数量需求的不同影响某些产业的消长,质量需求的不同则又推动产品结构与产业结构的升级,进而推动区域经济的增长。

在没有任何外界约束的条件下,产业结构升级过程是一个市场过程。产品生产以市场需求为导向,市场需求直接影响产品供给、产品结构和产业结构。然而市场需求是一个动态的概念,因而导致产业结构也处于不断的演进之中。随着经济的发展,按人口平均的人均产量逐渐增加,消费结构也随之发生变化。一般来讲,经济发展过程中,消费结构从生产资料为主向消费资料为主转变,消费形式从生存型为主向休闲、发展型为主转变,消费品由日常消费品向耐用消费品转变,这与美国经济学家罗斯托所划分的经济成长阶段相适应。在这一转变过程中,教育、医疗保健、培训等消费也在不断增长。

不论这种增长是由于收入水平的普遍提高所致,还是由于竞争的渐趋激烈所致,其结果都是造成了中间需求与最终需求的变化,产品生产也随之发生变化,整个社会产品结构逐渐趋向耐用化、高质量化与高附加值化。由此,在产品供求结构的连续变动中,产业结构也更加趋于合理化与高级化,推动区域经济向前发展。

2.人力资本供给对区域经济发展的影响

人力资本供给对区域经济发展的影响主要表现在以下三个方面。

第一,人力资本的有效供给促进产业弹性的提升。产业结构升级、优化意味着资源、各种生产要素的重新组合与配置,即各种资源和生产要素在新旧产业部门间的转移。资源与生产要素的转移包括存量转移和增量转移。增量转移相对是比较容易的,改变新增资源与生产要素的投入就可以实现,关键在于存量转移的速度和规模。

一般来讲,物质资本的转移相对容易,然后才是人力资本的结构转移。产业结构的转变首先表现在物质资本即生产设备和设施的变化上,物质资本可以很容易地通过资金物化来实现,但是那些人力资本承载者的培养则需要一个相当长的过程,因此产业结构转换过程中显性或隐性结构性失业不可避免。人力资本的有效供给能显著地提高产业资源转移弹性,人力资本存量较高的人力资本承载者较一般劳动者能更快、更容易、更有效地适应新的生产环境,资源转移所遇阻力会相对较小。

第二,人力资本的充分积累促进产业活力的增强。产业结构升级过程中,产业政策对若干产业的扶持是必要的,但是政府扶持政策并不能全面顾及,只能是有重点地选择进行,大多数产业必须依靠自身的力量才能得以生存与发展。它们只有积极创新,努力适应产业结构转换引起的其他条件的变化,才能融入产业结构调整的大趋势中。特别是那些比较落后、发展缓慢的产业与部门,如果不具备自我发展的能力,将被落得更远,进一步加剧经济的"二元结构",产业结构变得更加不合理。即使是那些受益于政策扶持的产业,也必须适时增强其自身竞争力,寻求自身生存发展的机会,毕竟政府政策的倾斜总是有一定限度的。我们知道,产业活力的培育取决于产业的创新能力,而创新的真正主体则是该产业的从业人员。文化素质较低的从业人员是很难成为市场创新的主体的,真正的、具有决定意义的创新源于高素质的从业人员,即人力资本含量较高的承载者。由此可见,创新的基础与源泉,产业发展的活力、动力在于雄厚的人力资本积累。

第三,人力资本投资促进人力资本存量的增加和产业结构升级承载力的增强。产业结构升级将在很大程度上改变原有产业间的经济技术联系,引起市场等外部环境的剧烈变动。在这一过程中,各个产业不可避免地会遭遇不同程度的环境变化和压力。

在这种情况下,需要产业具有一定的承受能力,经受得起产业结构升级初期市场等外部环境混沌无序的考验。而能否真正经得起产业结构升级带来的考验,部分地取决于产业人力资本存量的大小。人力资本存量大的产业与部门更容易经得起产业关联断裂的考验,也更能尽快形成新的产业关联。

3.产业结构升级对于人力资本的需求

产业结构的高度化需要一定的人力资本作支撑,因此产业结构升级会对人力资本产生需求,从而对人力资本投资产生影响,人力资本结构也会逐步高度化。

产业结构的升级是当今世界产业结构转换的重要内容。产业结构升级对经济增长的促进作用主要体现在主导产业的转换给整个经济增长带来新的驱动力。主导产业的及时转换,保证了增长率较高的产业部门对资源的需要,使社会总资源得到合理的配置与利用,提高了单位资源的产出效益,使总量增长始终有充分后劲,并以较高速度进行。

主导产业及时转换,同时也保证了主导产业对其他产业的带动作用。产业结构的升级必须通过大力发展人力资本才能实现。目前来说,进入知识经济时代,产业结构升级主要是依赖于知识和信息资源智力资源的开发,这就对人力资本的存量、增量及结构都提出了更高的标准和要求。在产业结构升级中,那些新兴的高新技术产业以及关联产业的增长比那些物质资源高消耗的传统产业的增长要快得多,这主要就是人力资本以知识密集和技术密集为方式发挥了主导作用所致。

由于提升了的人力资本包括对知识和信息的生产与扩散能力,信息传输从某种意义上来说,又取代了大量物质资源传输,物质资源和能源消耗随之大大减少;同时,作为高新技术重要组成部分的新材料技术也是知识密集型的,如果没有足够的人力资本投放,也难以创新,达到新的突破。因此,产业结构的升级,要求人力资本也应加快提升速度。

第五节 经济区与区域管辖

一、相关概念

(一)区域

所谓区域,是构成地域的某一部分。区域是一个相对的概念,是人们根据地区的经济特征、自然条件、社会发育程度等人为划定的。因此按不同地域特征可划分为不同的区域,如按气温不同可分为热带、亚热带、温带和寒带地区;按地貌可分为平原、丘陵、河谷、高原、石山和沙漠地区;按行政辖区可分为省、市、县、镇、跨行政区地区、跨国地区等;按经济联系不同可分为产粮区、产棉区、能源矿产区、工业区、商业区、科技园区等;按对外开放程度还可分为开发区、开放城市、经济特区、保税区及自由贸易区等。所以区域划分可大可小、内容各异。就世界范围而言,经常涉及的有亚太地区、欧共体、北美自由贸易区、东南亚联盟地区等均是具有特定内涵的区域。

各种区域虽有不同内容,但又有其共同的组成,即由社会、经济、生态三者相互作用、相互依赖的子系统组合成区域复合系统。生态系统由水、土、气候、生物、矿产等自然条件及交通、城镇及其基础设施等人工环境构成。它是区域系统的自然物质基础;社会子系统由人口、劳动力、智力等构成,它通过社会结构及行政管理以发挥要素的功能起着推动区域开发与整治的能动作用;经济系统由一、二、三产业构成,并包括各产业的内部结构。区域的产业结构是区域经济社会、生态三者相互联系、互相制约关系的集中反映,并表现出区域系统的区域性、综合性和层次性。区域都有明显的地域范围及空间区位,它还受到更大地域性规律的影响及本身区位条件的制约。区域总是不断地与环境交换物质、能量与信息,从而呈现一般的社会、经济发展规律,区域由于存在着各自的历史演进轨迹和各自的发展方向而有很大的差异性。但任何区域又都在社会经济、生态三个子系统综合作用下成为城乡结合、工农结合、宏观经济与微观经济结合的综合载体。区域结构的层次性表现为自然资源的多样性和有限性;表现在经济资源的共生关系、离异关系和制约关系;表现在社会个体素质、能力差异等。

综上所述,区域是由人的经济活动所造就的,具有特定地域构成要素的不可无限分割的经济社会、生态综合体。经济学所研究的区域指的是具有特定内涵的经济区。

(二)经济区

经济区是区域经济研究的特殊对象,通过合理的经济区划,能够帮助各级政府选择开发重点并采取恰当的区域经济开发战略措施。经济区是以劳动地域分工为基础而客观形成的不同层次、各具特色的经济地域。

经济区不同于一般的地理区域,它具有如下特点:第一,区内匀质性或同类性,即区域内自然条件、自然资源和社会经济条件大致类似,经济发展水平和所处的阶段大致相同,经济发展方向一致等;第二,经济联系与经济结构的合理,即区域内各经济主体间生产联系合理、交通运输便捷、信息渠道和商品流通渠道畅通等;第三,经济管理上的合理性。即便于合理区域产业布局,便于区域规划、经济发展计划和政策的制定[①]。

(三)经济区划

经济区划是在认识客观存在的经济区的基础上,根据特定时期国民经济发展的目标和任务,对全国区域进行分区划片,阐明各经济区发展的条件、特点和问题,指出它在国民经济体系中的地位和发展方向,最终为中央政府对区域经济进行宏观调控、地方政府制定区域发展规划、企业进行区域分析活动提供科学依据。

经济区划反映了经济活动的地域分工所形成的区域间的差异和区域内的"匀质",反映了各经济区域内在的整体结构。

①唐国刚.经济区和行政区适度分离改革路径思考[N].四川日报,2020-05-25(007).

第四章 区域经济发展的模式

第一节 绿色、创新、开放的发展模式

一、背景

2015年10月29日闭幕的中共十八届五中全会首次提出了五大发展理念,即"创新、协调、绿色、开放、共享",以保障实现全面建成小康社会的目标。

第一,关于创新。坚持创新发展,必须把创新摆在国家发展全局的核心位置,必须把发展基点放在创新上,实施创新驱动发展战略。

第二,关于协调。重点促进城乡区域协调发展,没有农村的小康,特别是没有贫困地区的小康,就没有全面建成小康社会。促进经济社会协调发展,加快中西部地区的发展,实施西部大开发战略,协调东西部关系,开发西部地区。促进新型工业化、信息化、城镇化、农业现代化同步发展。协调发展是全面建成小康社会之"全面"的重要保证。

第三,关于绿色。坚持绿色发展,必须坚持节约资源和保护环境的基本国策,坚持可持续发展,坚定走生产发展、生活富裕、生态良好的文明发展道路,加快建设资源节约型、环境友好型社会。

第四,关于开放。对外开放是我国必须长期坚持的一项基本国策。提高对外开放水平,推进"一带一路"建设。

第五,关于共享。社会主义的根本目的和根本原则是共同富裕,坚持共享发展。即发展成果由人民共享,注重机会公平,保障基本民生,使全体人民共享改革发展成果,顺利完成全面建成小康社会的目标任务。社会制度优越性,就是让全民享受发展的成果。所以唯有共享,才能体现制度的优越性才能朝着共同富裕方向稳步前进。

绿色发展、创新发展、开放发展是五大发展理念的重要组成部分,是

指导我国区域经济发展转型的重要理论支撑,也是我国区域经济发展模式的转型趋势。长久以来,中国区域经济发展模式的基本内涵、衡量标准、演变规律等研究十分匮乏,区域经济发展模式研究和使用存在"各说各话"的乱象。深入分析中国区域经济发展模式的内涵、转型机制与规律,对于社会各界、学术界认识我国发展模式,促进我国科学、高效与可持续发展具有十分重要的理论价值与现实意义[①]。

二、绿色、创新、开放赋予中国经济新的发展契机

改革开放以来,我国尤其是东部沿海地区呈现经济社会快速发展的态势,并走出了具有特色的区域经济发展道路,比较典型的有以苏锡为代表的苏南模式,以温州为代表的温州模式,以及以深圳、东莞为代表的珠江模式。这些区域经济发展模式的形成不仅有力地推动了当地经济社会的发展,而且对我国其他地区经济发展起到了较强的示范和带动作用,以上区域经济发展模式则是中国经济发展构成的重要内容。然而,当今世界正处于全面剧烈的转型,可持续发展、新科技革命、经济全球化等迅速成为经济发展方式的主导力量,这也为中国区域经济发展模式转型孕育了新的契机。

第一,国内外强调创新驱动绿色发展理念。1987年,世界环境与发展委员会发表了《我们共同的未来》,正式提出可持续发展概念。绿色发展作为可持续发展的有效途径也迅速得到国际社会的认同,并成为众多国家的新实践。

随着第三次工业革命的兴起,绿色新政、绿色发展也与第三次工业革命紧密呼应,新能源、新材料、智能制造、互联网、物联网等技术变革开启了人类发展和国际竞争的新模式、新格局,这也推动区域经济发展模式逐渐从依赖自然资源和低成本劳动力的经济发展模式向创新驱动经济发展模式转换。

第二,新科技革命与新产业革命迅速推动世界走向新的巨变。从人类社会发展历程来看,科技与经济发展一直互促共生,常规科技进步推动经济常规增长,科技革命则能引发产业革命,推动经济快速增长和实现重大转型。当前,随着信息技术、生物技术、新能源技术、新材料技术

---

①尚勇敏. 绿色·创新·开放 中国区域经济发展模式的转型[M]. 上海:上海社会科学院出版社,2016.

等的交叉融合,引发了新一轮科技革命和产业革命,也为人类发展带来新的发展机遇。中国政府已把创新发展战略作为国家重大战略,着力推动科技创新,中国区域经济发展模式转型也迎来新的机遇。

第三,经济全球化和信息化的浪潮席卷全球。21世纪以来,全球化和信息化成为新世纪的两大发展趋势,世界各国在全球范围的经济融合,资本、知识、技术、人力等经济增长要素或资源以空前的速度和规模出现全球性流动、配置与组合,不同发展水平、不同社会制度的国家和区域卷入全球经济体系之中,而信息化的发展更加剧了这种经济全球化的程度和深度。在全球化和信息化作用下,中国区域经济发展的外向性和开放度不断提升,发展更高层次的开放型经济已成为当前中国经济发展模式的重要转型方向。

三、构建绿色、创新、开放的发展模式的重要意义

推动区域经济发展模式向合理方向转型是全球趋势、中国责任和中国梦的高度统一。21世纪以来,全球经济形势在发生复杂深刻变化,深度转型调整、改革引领转型成为当前世界经济发展的大趋势,世界各国都在不遗余力地转变经济发展方式,推动经济转向中高速、迈向中高端水平,以实现更高形态、更有效率、更加公平、更可持续地发展。中国作为世界第二大经济体和新兴经济体的代表,在世界经济低速增长中趋利避害、顺势而为,抓住新科技革命、经济全球化和信息化等经济发展新机遇,保持经济的平稳发展,对于促进世界经济保持平稳较快增长将起到重要作用。

加快经济发展模式绿色转型,实现经济社会全面、协调、可持续发展,将成为我国对国际社会的重要贡献之一,并进一步彰显新时期中国负责任大国的担当。同时,实现中国经济发展方式向绿色、创新和开放转型,将有助于实现中国经济社会实力的进一步提升,助力中国梦的顺利实现。

第二节　协同、合作发展模式

加强产学研合作创新,推进区域经济协同发展。

一、是增强国家和区域自主创新能力的必然要求

加强产学研合作是完善国家和区域创新体系,增强国家和区域自主创新能力的必然要求。中国特色国家创新体系,包括多方面的内容,其中有两个不可或缺的重要环节:一是以国家科研机构和大学为主体的知识创新体系,二是以企业为主体的技术创新体系。自1998年以来,我国着眼于知识经济时代的要求,以中国科学院为主要载体,实施知识创新工程,加强基础性、战略性、前瞻性科技创新,着力加强关键核心技术的自主创新和系统集成,取得了一系列重大成果,在建设国家创新体系中发挥了先导和示范作用。

建设创新型国家,从某种意义上说关键在于提高企业的自主创新能力,建立以企业为主体、市场为导向、产学研用相结合的技术创新体系,正是基于这种认识,党的十七大以来,我国把建立以企业为主体、市场为导向、产学研用相结合的技术创新体系作为国家创新体系建设的突破口。着力引导和支持创新要素向企业集聚。我国积极实施技术创新工程,大力推动实施技术创新工程,就是着眼于提高企业的自主创新能力,加快科技成果的广泛应用和产业化,与知识创新工程相辅相成,共同成为建设国家创新体系的重要支柱。

实施技术创新工程,主要是抓好三个方面的建设,创新型企业建设,构建产业技术创新战略联盟,搭建服务行业和区域的技术创新服务平台。我们探讨新形势下加强产学研用合作推进区域经济创新和发展的问题、就要充分考虑到实施国家技术创新工程这样的重大战略性举措,考虑如何利用国家实施技术创新工程这个契机。建设好本区域的创新型企业、产学研相结合的产业技术创新战略联盟和技术创新服务平台这三大载体,形成区域技术创新体系的基本框架,带动区域创新体系建设,特别是我国近年来建设创新型国家的实践清楚地说明,增强国家和区域的自主创新能力,不仅要从根本上提升知识创新能力和技术创新能力,

而且要实现知识创新和技术创新的有机结合、良性互动和融合发展。在我们中国特色国家创新体系中,产学研用相结合是其重要特征之一。只有加强产学研用合作创新,才能够把发挥政府的主导作用、市场配置科技资源的基础性作用、企业的主体作用、国家科研机构的骨干和引领作用、大学的基础和生力军作用结合起来,尽快地形成知识创新和技术创新协同互动、科技教育与经济融合发展的局面,整体提升国家的自主创新能力,建设创新型国家①。

二、是转变经济发展方式的重要举措

当前,我国正处于现代化建设的关键阶段,面临着加快推进工业化、信息化、城镇化、市场化、国际化和转变发展方式的双重任务,顺利完成这双重任务,必须按照科学发展观的要求,大幅度提高科技对经济社会发展的贡献率,以解决好当前发展中的关键问题,并为未来发展打开新的空间;我们要依靠科技进步推动产业结构升级,加快发展信息、生物、新能源、新材料等新兴产业;建立与国家发展进程相适应、先进完备的现代产业体系,培育新的比较优势和竞争优势。同时,要顺应世界潮流,解决好能源资源节约开发、治理环境污染、应对气候变化等问题,大力发展循环经济、低碳经济,走出一条科技进步和创新主导的新型工业化道路。面对这样艰巨、复杂的科技创新课题,只有加强产学研合作,才能把创新主体、创新要素和创新环境有效地整合起来,整体性增强我国企业的自主创新能力和产业核心竞争力,降低关键领域和重点行业的对外技术依存度,真正推动我国经济走上创新驱动、全面协调可持续的科学发展之路。

三、是应对新科技革命严峻挑战的客观要求

当今世界,科技进步与创新日益成为各国综合国力和国民财富增长的主要途径,成为国际竞争力强弱的决定性因素。发达国家已经把持续增强科技创新能力,保持和扩大与发展中国家的知识鸿沟,作为其在国际竞争和国际分工中保持优势地位的战略之一。面对世界科技发展的大势,面对日趋激烈的国际竞争,只有加强产学研合作创新。才能充分发挥科学技术对我国经济社会发展的支撑和引领作用,抓住新一轮科技

①张春梅.区域经济空间极化与协调发展[M].南京:东南大学出版社,2017.

革命和产业革命的机遇,实现产业从全球价值链低端向高端发展,赢得未来发展的主动权,整体提升我国的综合国力和国际竞争力。

四、是应对国际金融危机严峻挑战的现实需要

应对金融危机,最有力的举措是加快科技创新,并尽快把技术转化为现实生产力,提高企业的技术水平,为此,必须加强产学研合作创新,通过实施国家技术创新工程等重要举措,进一步推动企业把创新作为重要发展战略,促进科技资源向企业开放,促进先进适用技术向企业转移,帮助企业特别是中小企业开发新技术、调整产品结构,改善经营管理和开拓新市场,为企业渡过难关,促进经济平稳较快增长提供重要支持。

近年来,如皋市在整合区域内外创新资源,搭建产学研用合作创新平台,探索产学研用合作创新的机制和模式,推进县域经济创新发展方面,采取了一些比较有效的做法,促进了产业结构调整优化和区域经济社会效益的提升。如皋市和其他一些地方的经验都表明,借助产学研用相结合的大平台,有效整合创新资源,形成协同创新的整体合力,特别是探索构建跨行业、跨部门、跨区域的产学研合作创新的长效机制和高效模式,能够有力地激活区域经济的诸种创新要案,不断完善区域创新体系,提高区域创新力与核心竞争力。区域经济的振兴,区域核心竞争力的提升,归根结底,要靠科技支撑和引领、靠创新驱动、靠产学研用合作创新的新机制来促进和保证。

中国产学研合作促进会成立以来,为推进我国以企业为主体、市场为导向、产学研用相结合的技术创新体系建设做了一些工作,产生了比较好的效果,下一步,促进会将继续努力,同国家有关部门和各地区密切合作,进一步整合创新资源,搭建产学研用合作平台。为进一步完善国家和区域技术创新体系,推进县域经济创新发展做些更扎实、更有成效的工作。

(一)推动实施国家技术创新工程

促进会将通过加强产学研合作创新基地建设等措施,实际推进创新型企业建设,实际推进产业技术创新战略联盟的构建,实际挂进服务行业和区域创新服务平台建设。促进会坚持把为企业服务放在首位,为企业服务。最实际的服务行动,就是推动实施国家技术创新工程,推动创

新型企业建设,通过体制机制创新 优化企业创新环境,组织和引导创新要素向企业集聚,支持和帮助企业提高自主创新能力,使更多的企业成为创新型企业,发挥企业技术创新的主体作用。

(二)加强产学研合作的政策和理论研究

加强产学研合作的政策和理论研究,探索长期、紧密、高效的产学研合作机制和模式。

2007年6月,国家科技部、财政部、教育部、国务院国资委等有关部门正式启动产业技术创新战略联盟试点工作。多年以来的实践说明,这种聚焦国家和区域战略产业发展需求,以提升重点产业技术创新能力为基本方向,以国家和区域重大专项,重点工程为载体,以政产学研用协同创新机制为基本特征的产业技术创新战略联盟,是产学研合作的崭新形式。促进会将紧密结合实施国家和区域科技创新的重大专项、重点工程,积极探索产学研合作创新的新机制、新模式。促进技术链、产业链和价值链的紧密融合,为整体提升国家和区域自主创新能力提供制度保障。

(三)推动国家和区域科技中介服务体系建设。

促进会将在形成国家和区域公共科技资源开放共享的合作机制和模式,加强开放共享的技术创新合作平台的能力建设,发挥转制科研院所在产业共性关键技术攻关中的作用方面,继续进行一些研究和探索。

第三节 可持续发展模式

一、区域可持续发展的特征

区域可持续发展是关于区域范围可持续发展的实施、区际可持续发展的联系,以及与此相关的区域决策的学科。区域可持续发展具有下列鲜明特征。

第一,区域可持续发展强调区域各组成部分之间在区域可持续发展方面的相互依赖及由此构成的有机结构。区域可持续发展的实施能力正是建立在这种结构基础之上的。这种区域可持续发展的有机结构及由此形成的实施能力,是区域可持续发展研究与一般可持续发展研究的主要区别所在。发达地区可持续发展的基础好、需求高,通常基本形成或接近于形成较为完善的区域可持续发展结构,其可持续发展的实施能力较强;落后地区可持续发展的基础薄、需求低,往往没有形成比较完善的可持续发展结构,其可持续发展的实施能力也较弱。

第二,区域可持续发展强调可持续发展的区域自组织和路径问题。区域可持续发展需要具体问题具体分析。由于区域结构的存在,区域内任何经济社会活动通过区域结构的联系网络将其影响遍及区域各处。因此,根据区域的结构特点对可持续发展的一般理论和模式在区域层面上加以运用,根据不同区域情况选择适宜的可持续发展路径和可持续发展的区域自组织,制定、组织和实施不同的区域可持续发展战略非常重要[①]。

第三,区域可持续发展强调区域之间,即区际可持续发展的联系。区域可持续发展不能孤立地研究某个区域内部的资源环境承载和配置问题,而应该在相互依赖、相互影响、相互联系和相互流通的区际整体中去研究区域的资源环境承载和配置问题。

第四,区域可持续发展强调区域可持续发展的政策和管理。由于区域可持续发展具有区域自组织和差别路径的特征,区域之间可持续发展的不平衡也就成为区域可持续发展的一个主要现象。不仅区域可持续发展自身需要中央和地方政府有效的政策支撑,而且区域可持续发展不平衡问题的解决更离不开政府强有力的政策措施。因此,区域可持续发展必须强调政策和管理的运用。

二、区域可持续发展的新趋势

与区域经济发展的全球化和一体化趋势相一致,区域可持续发展呈现出新的发展趋势。虽然全球化作为一个词语早已存在,但通常认为是美国学者拉维特于1985年首先将全球化作为一个经济学概念提出来的。全球化可理解为经济活动的地理范围不断扩大和跨界相互渗透不断深化的过程,表现为区域经济活动和区域经济集团之间相互联系与依赖性的空前增强,各国、各地区通过商品、劳务贸易、生产要素流动等方式越

①贾爱娟,李艳霞,曹明弟. 区域可持续发展模式研究新解——绿色、循环、低碳三大模式的比较研究[J]. 科技创新与生产力,2011(09):19-25.

来越密切地结合、联结在一起。全球化与区域经济可持续发展的主要联系和影响如下。

(一)贸易扩张

经济全球化的最显著特点和最直接的表现是包含贸易快速增长和贸易自由化两方面内容的贸易扩张。贸易扩张已经从传统的商品贸易领域遍及技术、金融、文化、社会等各个领域。据相关统计数据显示,1997年全球贸易总额为6.7万亿美元,2018年全球贸易总额约为39.342万亿美元。各国和各地区的贸易依存度不断提高,贸易成为联系区域经济的重要纽带,特别是服务贸易得到迅速增长。

(二)资本流动

国际或区际对外直接投资(FDI)已经成为各国、各地区经济发展中的重要部分。在投资自由化的鼓励下,各国、各地区间资本流动规模迅速扩大,直接投资在全世界范围内充分利用有利资源和生产要素,降低成本,在一定程度上起到了带动区域经济增长的发动机的作用,对区域经济可持续发展模式的影响深远。

(三)生产要素有效配置

生产要素包括资本、资源、劳动、技术、管理等。信息化技术发展、金融工具的不断创新和金融服务网络的完善,极大地促进了资本要素的流动速度和流动量。全球范围内资本要素的流动量远远超过全球的贸易量,并有力地带动和促进了其他生产要素在全球范围内的有效配置,提升了生产要素利用效率。争夺高品质的资本和自然资源要素已经成为区域或国家经济可持续发展的一个关键性因素。

(四)技术进步

以信息和通信技术为核心的新技术浪潮降低了区域间运输、通信等成本,使区域经济活动的交易费用大幅减少,加快了经济全球化和区域一体化的进程,也加深了区域之间可持续发展的相互影响和联系。一方面,技术进步使得信息产品在全球区域贸易中的比重增加;另一方面,信息技术又直接推动了服务贸易的迅速增长,促进了区域经济体系和结构的优化;同时,技术进步也大大推进了生产要素的流动和有效配置。这为区域经济可持续发展提供了良好的条件和机遇。

（五）社会价值、意识形态和生活方式的全球化融合

不同国家和地区文化传统的可持续发展价值取向，通过全球化进程得到广泛传播和相互促进。其中，既有主流西方文化和价值观念下的可持续发展理念，也有东方古老优秀文化传统下的可持续发展意识。生活方式的全球化也有利于可持续发展的消费理念和模式在不同区域间的共同倡导。

（六）区域一体化与全球化相伴而产生

区域一体化，即区域化合作不断加强的倾向是全球化进程中的一个重要阶梯和重要表现形式，也是各国、各地区应对全球化挑战的一个重要手段。随着区域一体化进程的推进，区域内国家和地区相互间的经贸关系快速发展，内部经济上的依存度不断增加。不同区域集团的迅速发展和壮大，导致区际分工的进一步调整和区域经济格局的进一步重构。20世纪80年代以来，区域一体化发展更加迅速。

国内的区域一体化趋势也越来越明显，如长江三角洲地区、珠江三角洲地区、京津冀地区、西北地区、东北地区、粤港澳地区等区域经济联合体的形成。各个区域经济组织内部都不同程度地实行了一系列旨在推进经济共同发展的政策，特别是在区域可持续发展战略上也进行了深入协调。这实质上是全球化制度在区域范围内的具体表现。区域一体化特征下的区域可持续发展对最终实现全国和全球的可持续发展有着非常重要的意义。

第五章 区域经济发展的战略

第一节 区域经济发展战略的含义和特征

区域经济发展战略是指对一定区域内经济、社会发展有关全局性、长远性、关键性的问题所做的筹划和决策。具体来说,是指在较长时期内,根据对区域经济、社会发展状况的估量,考虑到区域经济、社会发展中的各方面关系,对区域经济发展的指导思想、所要达到的目标、所应解决的重点和所需经历的阶段以及必须采取的对策的总筹划和总决策。

区域经济发展战略的特点有全局性、战略性、长期性、稳定性、政策性等。

一、区域经济发展战略的含义与特征

(一)区域经济发展战略的含义

区域经济发展战略是对区域经济总体发展的设想、思路和谋划。它根据不同地区生产要素条件的分布情况和该地区在国家经济体系中的地位和作用,对地区未来发展的目标、方向和总体思路进行谋划,以达到指导地区经济发展、促进经济腾飞的目的。

最早把发展与"战略"组合起来构成"发展战略"概念的人要首推美国著名经济学家赫希曼,他于1958年在《经济发展战略》一书中,首先使用了"发展战略"的概念。当时,发展战略主要是研究发展中国家如何利用自己的潜力、自然资源和其他客观环境,以谋求社会经济发展的宏观策略。后来,泛指一切国家、地区和企业的发展战略谋划。西方经济学者对发展中国家的研究形成的"发展经济学"或发展中国家学者就本国本地区发展中面临问题的研究中,都把发展战略研究放在非常重要的位置上。

在我国,自20世纪70年代末,一些从事世界经济与地理研究的学者

从国外引入了"发展战略"的概念。20世纪80年代初,我国著名经济学家于光远提出研究"经济社会发展战略"的倡议,得到了各方面的响应。实践证明,战略的制定和实施对特定区域的经济社会发展起到了积极的指导作用,在某种程度上成为了区域或企业发展的投资指南[1]。

区域经济发展战略的内涵,就是倡导一种非均衡协调发展的区域经济发展战略。具体地说,有以下几点。

第一,非均衡协调发展战略是一种适度倾斜的发展战略。适度倾斜是指从全国总体布局考虑,把投资和生产布局向沿海适当倾斜。因为区位条件和历史因素决定了东部地区易受海外发达地区的经济辐射和产业梯度转移,起步快、阵痛小,较易迅速成长为亚太地区新兴的经济带。但适度倾斜要求处理好重点开发区域与非重点开发区域之间的关系,既不是均衡布局,也不是简单地扶持东部,而是充分发挥各地优势,扬长避短,共同发展。

第二,非均衡协调发展是一种动态的、开放的战略。非均衡协调发展在国民经济开放体系中不是静态的而是不断运动和发展的。从总体上讲,既要有重点地推进生产力空间布局,以追求投资的高回报率和区域经济的高速增长,又要按照社会主义市场经济的要求,协调区域经济发展政策、区域间经济关系、主导产业同其他产业的关系、中央与地方的关系,形成合理的东、中、西部区域分工格局,在效率优先、兼顾公平的原则下,加快中西部地区的经济发展。

(二)区域发展战略的特征

区域发展战略的本质特征可归结为全局性、系统综合性、客观性、长期性和阶段性、地域性以及层次性等几大方面。

1.全局性

发展战略是关于把握全局总体的蓝图描绘,研究的是决定全局的关键问题和影响全局的各个方面,包括所研究的系统在各个发展时期存在和发展的环境。它是发展目标和实现目标的方针、政策、途径、措施、步骤的高度概括,对国家、地区或城市的发展具有方向性、长远性、总体性的指导作用。区域发展战略主要是确定经济发展的指导思想和基本原则,而不是对经济发展的具体安排。

[1]刘英.区域经济与区域文化研究[M].兰州:甘肃人民出版社,2015.

2.系统综合性

发展战略面对的是许多要素相互联系、相互依存、相互作用、相互制约构成的复杂系统。它涉及区域内的城镇、乡村、产业、资源、环境,以及社会发展、政府行为等情况,可以说具有极强的复杂性和综合性。首先,制定区域经济发展战略需要的条件是多方面的,它包括自然环境、自然资源、劳动力、资金条件、交通运输条件、文化教育条件以及区位条件等,并需要对诸多条件因素进行综合分析和评价,以期正确地估计所处区域的经济发展环境。其次,它涉及的发展部门是多方面的,既有物质生产部门,也有社会的发展部门。再次,它既包括企业行为,也包括政府行为。最后,发展战略研究是综合性课题,涉及人口、资源、环境、经济、社会、科技等各个领域,要从复杂的研究对象中抽取其整体联系,得到决定全局的谋划,一定要用系统科学的方法,统一组织各领域、各行业的专家、人才进行综合性研究,在综合性研究中得到全局认识。

3.客观性

区域的经济、社会发展状况、时空环境等都是客观存在的,它们是制定发展战略的基础和依据。任何区域经济发展战略都是在具体分析区域经济条件、区域市场、区域产业结构现状以及确定区域发展阶段的基础上,对区域的未来发展做出的谋划。因此,区域发展战略具有客观性,这是其科学性和具有实践意义的前提,是衡量一个战略是否成功的关键,也直接影响到区域发展战略对规划和计划的指导作用。

4.长期性和阶段性

区域发展战略的着眼点不是立足于当前,而是面对未来,因而要服务一个较长的时期,比起那些只在短期内起作用的活动和措施来说,更具有深远意义。因此,具有战略眼光的领导者绝不会只顾眼前而不顾长远。未来是以当前为出发点的,未来发展趋势的推测要以过去和当前作为依据,立足当前,放眼未来。照顾当前和未来的关系,是战略考虑的要点。战略制定的长期持久性,要求战略目标与对策应保持一定程度的弹性,越远的战略目标越要粗略一些,弹性要大一些。而且,在战略制定过程中,一定要处理好近中期战略同长远战略的关系,使战略保持相对的稳定性和连续性。区域发展战略总是为某一特定的时间范围内实现某种目标而设立,因此不是一成不变的。当某一阶段的战略完成了它的历史使命,或与战略对象的新情况不相适应时,必然要被新的战略所取代。

5.地域性

区域经济发展战略是在宏观发展战略指导下,谋划区域发展的总体构想,因此,它不同于国家的发展战略,而必须根据区域的具体情况制定,带有强烈的区域性特征。不同的地域范围、层次、地点、不同的区情、不同的主体,所制定的区域开发战略往往也不尽相同。

6.层次性

区域经济发展战略具有全局性,局部应该服从全局。因此,制定下一层次的战略时,应该同上一层次的战略要求相符合,而不能相背离。各个地区在制定自己的经济发展战略时,应服从于全国的战略布局,就现阶段来说,不管哪个行业,它们所制定的各个层次的战略,都必须服从于国家的宏伟战略目标和可持续发展战略目标。战略决策是区域或企业得以迅速发展、处于竞争优势的最重要的决策,战略决策的失误往往会导致全局性的灾难。由于战略决策涉及全局性、长期性的决策,因此决策的主要依据就是战略预测。战略预测又具有长期性和潜在性,必须同时考虑各种隐蔽的、突变的和灾变的因素。

二、区域经济发展战略的走势与趋向

改革开放以来,我国实施的区域经济发展战略,在强调经济效益目标中,忽视了平衡目标,投资重心与政策优惠一味向东部沿海地区倾斜,造成区域经济差距扩大和区域利益关系严重扭曲。我国在对区域经济发展战略进行调整和选择时,既不能重蹈覆辙,也不能矫枉过正,另走极端,偏重地区效率,牺牲全国经济发展速度和宏观经济效益。在设计我国区域经济新的发展战略时,应该充分考虑我国复杂和独特的区域问题,以求全局利益和局部利益的统一,把东部沿海地区的发展和中西部地区的经济开发很好地结合起来,以东部沿海地区的经济发展带动中西部地区的经济增长,实现沿海与内地、东部和中西部区域经济持续增长和协调发展。

目前对我国应该实行何种区域经济发展战略主要有以下几种观点。

第一,区域经济协调发展战略。它要求以"坚持区域经济协调发展,逐步缩小地区发展差距"作为一项基本指导方针,从"九五"计划期间开始,逐步加大中西部区域经济协调发展力度,按照市场经济规律和经济内在联系及地理自然特色,突破行政界线,在已有经济布局的基础上,以中心城市和交通要道为依托,形成多个跨省区市的经济区域,发展各区域优势产业,避免产业结构趋同,促进区域经济在高起点上向前发展。

第二,多极增长发展战略。即在中西部地区选择几个省、市或地区或流域(如长江流域),像过去扶持东部沿海增长极那样,培养使其成为新的经济增长极。

第三,沿江经济带以互助互动为中心的协调发展战略。这一战略主要内容包括:以水资源开发和利用为先导,把"黄金水道"的开发利用与发展灌溉农业和发展高能耗、高水耗、大运量工业体系结合起来;以市场机制为基础,促进资源利用的互补与协作;一般产业与高新技术产业协调,建立沿江经济带市场联合体,协调区域市场和金融市场,坚持资源开发利用与环境保护相结合,实现区域经济的可持续发展。

上述三种观点都有其合理性、科学性和可行性。它们考虑到了当前我国区域经济发展中非均衡的客观事实,也认识到了制定发展战略应当从全局出发,把重点放在如何促进区域经济协调发展的目标实现上,同时十分关注我国区域发展中的公平与效率问题,试图在三者的统一中寻找最佳的区域发展模式。因而,我国当前宜采取非均衡协调发展战略。

非均衡协调发展战略是指由于我国各地区发展同一产业或者同一产业投入产出效果不尽相同,在国家所掌握的资源十分有限的情况下,为提高资源配置效率,保证国民经济较快增长,国家必须集中有限的人力、物力和财力,采取重点开发的方式,并在资源分配和财政投入上对重点开发地区的重点产业进行倾斜,以此求得中西部地区和东部沿海地区的共同富裕。

另外,国民经济各地区、各产业之间的发展要保持协调。这就要求国家实行的倾斜政策必须适度,必须以保持地区的产业协调发展为前提,因此,适度倾斜与协调发展相结合就成为非均衡协调发展战略的核心内容。

第二节 区域经济发展的理论基础和战略模式

区域经济发展理论是区域经济发展战略的基础和理论依据,是正确的、科学的、适合区域实际的经济发展理论,是构建区域经济发展战略的基础。因此,在研究制定区域经济发展战略时,必须以区域经济发展理论做指导,并借鉴和参考相应的区域经济发展战略模式。

一、区域经济发展的基本理论

关于区域经济发展的基本理论,就国内外已有的研究文献来看,在区域经济发展战略上,主要有三种理论,即区域经济均衡发展理论、区域经济非均衡发展理论和区域经济协调发展理论。

(一)区域经济均衡发展理论

区域经济均衡发展理论又称做区域经济平衡发展理论。区域经济均衡发展理论最初产生于20世纪40年代,在区域经济非均衡增长理论产生之前,它一直处于支配地位,这一模式是探寻发展中国家和地区实现经济增长的一种理论模式。发展中国家和地区的落后是多方面的、局部的,个别的或小规模的投资难以解决其发展落后的状况,因而强调在整个工业或整个国民经济各部门同时进行大规模投资,使其按同一比率或不同比率全面得到发展,以此来实现工业化或经济发展。

区域经济均衡发展理论分为三种类型:①强调投资规模的平衡增长理论,以大推进理论为代表,主张对各个工业部门同时、按同一比率进行大规模投资,使整个工业按同一速率全面增长;②注重经济发展路线的平衡增长理论,以恶性循环理论为代表,主张对国民经济各部门按不同比率同时进行大规模投资,使整个国民经济各部门按不同速率全面增长,实现经济发展;③上述两者的折中,主张同时扩大许多按照产品的价格和收入弹性大小选择的国民经济部门的投资,使供给创造自己的需求,达到经济发展的目标[①]。

[①]王志文. 中国区域生态经济发展战略模式研究[M]. 北京:经济日报出版社.2015.

（二）区域经济非均衡发展理论

针对区域经济均衡发展理论，另一些经济学家从其缺陷提出了相反的意见，即区域经济非均衡发展理论。如汉斯·辛格在其《国际发展、成长与转变》一书中指出：平衡增长理论主张工农并重，忽视了经济发展的主旨在于将人力从低生产力的部门转移到生产力较高的工业部门，工业发展固然有赖于农业的协助，但尽管如此，经济发展仍然要完成转移人力使用的目的。要达到这一目的，平衡增长战略无能为力。辛格认为，平衡增长不是从起步开始，而是从过去的结果之处开始。如果过去的发展并非均衡的发展，为了使失去的均衡逐渐恢复，则有必要采取不平衡的战略。因此，区域经济非均衡理论认为，发展中国家或某一地区并不具备全面增长的资本和其他资源，均衡增长是不可能的。投资只能有选择地在若干部门或区域进行，其他部门或地区通过利用这些部门或区域的投资带来的外部经济而逐步得到发展。该理论的主要代表包括：赫希曼的非均衡发展理论、增长极理论、循环累积因果理论、梯度理论、中心—外围理论和点轴开发理论等。

（三）区域经济协调发展理论

第二次世界大战以来，许多发展中国家将工业化作为自己的首要目标而采取了许多不同的经济发展战略，但最终结果发现，虽然经济发展的目标大多实现了，但贫富差距、城乡差异仍在扩大，贫困人数在增加，大多数穷人的生活水平没有得到改善。有些国家脱离本国实际，不适当地强调工业化，忽视农业的发展和粮食的生产，忽视国民经济各部门的协调，陷入了不讲求经济效益的高投入、低产出、盲目刺激高消费的恶性循环之中，阻碍了经济发展，有些国家甚至出现了经济衰退。由此，人们逐渐认识到增长与发展之间的区别，提出了"满足人民基本生活需要"的发展战略思想。联合国在制定第二个十年（1970—1980年）国际发展战略时，除了经济增长、工业发展目标之外，还增加了社会发展目标，把经济发展目标同社会进步目标结合起来，是一种"增长与公平"的发展战略。这标志着区域经济协调发展理论开始提上议事日程，其目的就是要探索如何实现区域之间经济的共同发展与共同繁荣，实现区域经济利益和社会进步的和谐。

二、区域经济发展的战略模式

根据区域经济发展理论和对发展中国家和地区经济发展战略的实践进行总结概括,区域经济发展战略模式主要有以下几种。

(一)均衡发展战略模式

均衡发展战略模式最初是发展中国家和地区实现经济发展目标的一种战略模式,它是建立在区域经济均衡发展理论基础之上的。这种模式主要是从需求的角度出发,通过在各产业部门地区同步使用资本,使整个市场得以扩大,满足各方面的需求,以实现经济的持续稳定增长。

均衡发展战略注重于促进社会公平,缩小地区间发展差距和维护社会稳定,在经济发展到一定阶段的时候有利于区域和产业整体发展,因而该战略的实施取得了一定成绩,但具体到不发达地区的实践上,往往是行不通的。这是因为不发达地区普遍存在资金有限、外汇短缺现象,分散使用力量将一事无成,尤其是在发展的初期实施这种"大推进"平衡增长战略,必然要牺牲人民的眼前福利,造成各方面的关系紧张。同时,采取这种战略必须有高度集中的行政管理体制,行政会过多地插手和干预经济活动甚至人民生活,时间过长不仅超过人民群众的承受能力,而且过于集中的行政管理体制会导致经济失去活力。其次,过分注重了地区间公平和产业平衡,忽视了效率优先原则。区域经济发展,必须遵循地域分工原则,发挥地区优势,尽量扬长避短。如果违反这些要求,关起门来搞平衡,只能是低水平的平衡,是牺牲效益的平衡。因此,随着拉丁美洲的许多国家,尤其是伊朗巴列维国王的"大推进"经济改革的失败,越来越多的发展中国家和地区放弃了均衡增长战略。

(二)非均衡发展战略

非均衡发展战略又称倾斜发展战略模式,它建立在区域经济非均衡发展理论的基础上。该战略模式的出发点就是:地区经济的成长过程,实质上是产业部门的成长过程,而不同的产业由于条件、地位、作用不同,增长的势头是不一样的。往往是首先从主导产业、主导地区开始,然后再逐步扩大到其他产业和其他地区。所以,在一定的时期内,地区资源只能选择在若干产业、若干地方进行集中的投入。

区域经济非均衡战略模式主要从供给的角度出发,通过重点发展一些产业部门或地区带动其他部门和地区供给,使整个市场供给增多,促进经济的增长。这种模式对于促进经济的发展所起的作用是巨大的,有利于重点产业、重点地区的发展,从而带动整个区域经济的发展和国民经济整体水平的提高,增强区域综合经济实力。但实践说明,这种战略也有其缺陷。这种战略模式突出了局部而忽视了地区内部产业间地区间的协调发展,削弱了地区总体功能,重点产业、重点地区的发展并未发挥其应有的波及效果,对其他产业、其他地区的发展也没有起到很好的带头作用,相反很容易形成二元结构,结果造成了工农业失调,城乡脱节,落后与先进同在,过密与过稀并存,导致地区差距的扩大,激化各种社会矛盾。

(三)区域经济协调发展战略模式

这一模式是在吸收了前两个模式的优点、摒弃了其缺点的基础上形成的,它是建立在区域经济协调发展的理念基础之上的。它既强调区域各产业和各地区协调发展的必要性,又特别重视区域重点产业和重点地区对区域经济发展的支持和带动作用。

区域经济协调发展战略模式就是要求按照统筹规划、因地制宜、发挥优势、分工合作、协调发展的原则,统筹区域发展,正确处理全国经济发展与地区经济发展的关系,正确处理地区与地区之间的关系,各地区在国家规划和产业政策指导下,选择适合本地条件的发展重点和优势产业,避免地区间产业结构趋同,促进各地经济在更高的起点上向前发展,形成区域间相互促进、优势互补的互动机制,最终实现区域间经济关系的和谐,经济发展水平和人民生活水平的共同提高以及社会的共同进步。这一模式得到许多国家的赞同,并正在得到普遍的应用。

三、区域经济发展阶段的战略选择

区域经济发展是一个渐进的过程,这一渐进的过程通常又表现为一定的阶段性特征。对此,理论界按经济增长的程度、经济结构的成熟和高级化以及生活质量的改善等标准提出了不同的发展阶段理论,其中影响较大的有胡佛—费希尔的区域经济增长阶段理论、罗斯托的经济成长阶段理论等。

区域间经济发展是不平衡的,在同一时点上,会存在处于不同发展阶段的区域。因此,不同的区域应该根据不同的发展阶段,制定相应的区域经济发展战略。

（一）处于待开发（不发育）阶段的地区

这类地区的一般特征是经济发展水平低下，农业所占比重很高，劳动生产率低下，自身积累很少，投资供给和市场容量不足，资金短缺。要走出贫困循环的陷阱，一靠发挥区内自然资源与劳动力优势，二靠融入外部资金、人才和技术。为此，其经济发展战略着重于以下几点。

第一，资金投入的产业方面，要立足本地资源，技术层次要适合本地区劳动力素质，同时要选择有发展潜力的产业。

第二，资金投入的空间方面，要集中培养区内增长极，以带动整个区域经济的发展，切忌平均分散使用力量。

第三，重视人口素质的提高和观念转换，大力发展教育，打破封闭状况，促进市场发展。在起步阶段，可向外界输出劳务，减轻区内就业压力，发挥其积累初始资金的功能。

第四，善于招商引资，吸引人才技术，使自然资源和劳动力丰富的有利条件与外部输入要素相结合，转化为现实的经济优势。

（二）处于成长阶段的地区

这类地区的一般特征是已经跨过工业化的起点，第二产业在国民生产总值构成中已居主导地位，地区优势产业已经形成，地区经济呈现较强的增长势头。为此，处于成长阶段的地区在区域经济发展战略上要注意以下几点。

第一，进一步巩固、扩大优势产业部门，充分发挥规模经济优势，降低产品成本，不断拓展市场，扩大优势产品的国内外市场占有率。

第二，围绕优势产业，形成结构效益良好的关联产业系列。

第三，不断培植新产业，发展第三产业，特别是贸易、金融、信息、咨询、科教等，提高地区经济的结构弹性。

第四，沿若干开发轴线培植新的或次级的增长极，以促进区域经济向纵深发展。

（三）处于成熟或发达阶段的地区

这类地区往往属于国家经济中心区，工业化历史较长，交通运输、邮电通信等基础设施齐备。第三产业相当发达，经济结构合理，门类齐全，协作配套条件优越,区内资金积累能力强,人才素质高。因此,这类地区经济发展战略的目标是如何防止潜在的衰退危险变为现实,保持和焕发区域经济的活力,其在经济发展战略上要着重注意以下几点。

第一,在产业结构上,要淘汰比较优势已经丧失的产品和产业,着力发展新兴产业,引进和运用新技术,改造传统产业,实现产业结构的优化组合,保证产业结构动态优化。

第二,在市场结构上,要大力发展外向型经济,进行跨国经营,接受国际市场的挑战,促进区域经济走向世界。

第三,在空间结构上,以城市为中心区,加快向外围地区的产业扩散,组成城乡一体化的大城市经济圈。以资本为纽带,实现资产重组,跨部门、跨行业集团化经营,走立体化道路。

第四,在发展目标上,要更加重视社会目标和生态目标,即使是经济目标,也要强调经济增长的质量和效益。

(四)处于衰退阶段的地区

这类地区的一般特征是处于衰退状态的传统产业在产业结构中所占比重大,导致经济增长的结构性衰退,经济增长缓慢,失去了原有的增长势头,此后,经济增长滞缓,区域逐渐走向衰落。因此,这类地区经济发展战略的重点是对传统衰退产业的更新换代,实现经济转型,以防止经济的继续衰退。值得注意的是,衰退阶段并不是一定要经历的阶段。当一个区域发现经济增长出现衰退特征时,如果及时采取有效的产业结构调整政策,就可以防止出现进一步的衰退,使经济维持稳定,甚至有可能促进经济进入新的增长期。

第三节 中国区域经济的发展战略

一、中国区域经济发展战略的阶段划分

自中华人民共和国成立以来,我国区域经济发展战略大致分三个阶段,即中华人民共和国成立后至改革开放前(1949—1977年)的区域经济平衡发展阶段、改革开放后至20世纪末(1978—1998年)的非平衡发展阶

段和21世纪以来的区域经济协调发展阶段(1999年以来)。

(一)区域平衡发展阶段(1949—1977年)

针对1949年前中国沿海与内地严重不平衡的区域经济分布格局,中华人民共和国成立后进行了内地重点建设。中央政府通过计划指令来实现地区间的平衡发展,主要有两种政策手段:一是通过财政收入的划拨,要求沿海发达地区上缴较高比例的财政收入,同时对内地给予适当的补贴;二是通过计划指令。

这种侧重使得全国平衡发展的战略拓展了生产力发展的空间,对于加快广大内陆地区经济的发展、缩小地区差距具有重要意义。

(二)区域非平衡发展阶段(1978—1998年)

我国所实施的平衡发展的区域经济政策,虽然对经济平衡产生了积极的影响,但是这一阶段却忽略了经济效率的重要性,尤其是抑制了拥有得天独厚的自然条件的沿海地区的发展。这种人为抑制的政策违背了生产力发展的客观规律,因而也造成了较大的资源浪费和效率损失。随着国内局势的稳定和国际关系的改善,1978年召开的十一届三中全会开始重新审视我国的区域经济政策。在总结中华人民共和国成立以来经济发展经验教训的基础上,借鉴各国区域开发理论,对我国的区域经济政策进行了重大调整。

随着梯度推移理论引入中国,国家决策机构开始用三大地带代替沿海与内地的传统划分方法。1985年9月23日通过的《中共中央关于制定国民经济和社会发展第七个五年计划的建议》指出,要按照经济技术发展水平和地理位置相结合的原则,并适当考虑行政区划的完整性,将全国划分为东部、中部、西部三个经济地带。

20世纪六七十年代,区域经济学家克鲁默在不平衡发展理论和哈佛大学费农等人的"工业生产生命循环阶段论"的基础上创立了区域发展梯度推移理论。该理论认为,处在创新阶段的兴旺部门应在高梯度地区即发达地区优先发展。传统产业应在低梯度地区即不发达地区发展,而产业结构的优化会逐步从高梯度地区向低梯度地区转移。梯度推移理论引起了国内学界的重视和引入,它从客观实际出发,遵从经济发展的规律,承认地区发展应从自然条件和经济基础较好的地区优先发展起来,再通过产业结构优化和要素转移带动不发达地区的发展。在充分借鉴国外区域经济理论的基础上,我国政府放弃了牺牲效率谋求平衡的同步发展战略。采取了效率优先的非平衡发展战略,首先在东部沿海地区进行改革开放,希望通过东部地区经济优先发展带动和辐射周边乃至全国的经济,最终达到共同富裕。1987年10月,党的十三大关于对外开放工作明确指出,要进一步扩大对外开放的广度和深度,进一步扩展同世界各国包括发达国家和发展中国家的经济技术合作与贸易交流;必须继续巩固和发展已初步形成的"经济特区—沿海开放城市—沿海经济开放区—内地"这样一个逐步推进的开放格局。

这一时期持续了约20年,国家采取优先支持区位和经济条件较好的沿海地区经济发展的区域经济发展政策。

(三)区域协调发展阶段(1999年至今)

20世纪90年代以后,东部地区经济增长开始出现边际效益递减、经济增长成本上升的问题,而且非均衡发展战略带来的区域差异扩大,致使各种社会矛盾和问题日益突出,对国民经济的健康稳定发展产生了影响。这些促使我国区域发展战略必须有新的调整。1991年3月,中央首次提出"促进地区经济的协调发展"的概念;1995年9月,又进一步明确"坚持区域经济协调发展,逐步缩小地区发展差距"的方针。1999年以后,区域经济发展战略进入了全新的阶段,即区域协调发展实施阶段[①]。

出于区域协调发展的战略考虑,以及扩大内需、生态保护等方面的全面考虑。1999年9月,正式提出"实施西部大开发战略"。同时,由于东北地区经济增长速度一直落后于全国平均水平,也落后于中西部地区,所以在区域经济协调发展的政策背景下,2003年10月,国家又提出了"实施东北地区等老工业基地振兴战略"。在党的十七大报告中提到:"贯彻科学发展观重要内容之一就是要统筹区域发展,积极支持东部率先发展的同时,促进中西部崛起,大力支持区域产业协作,逐步扭转区域发展差距拉大的趋势。推动中东部经济互动,优势互补,共同发展新格局的形成。"因此,在实施西部大开发战略的同时。在科学发展观的指导下,为统筹区域发展,先后实施了振兴东北老工业基地、促进中部崛起。东部

---

①王继源,池剑峰. 把握大趋势 推动我国重点区域经济一体化发展[J]. 中国经贸导刊,2020(12):59-62.

率先发展等重大战略举措,并形成了一系列有机结合的统一的区域整体发展战略。这成为中国改革深化、开放升级的重要依托。符合我国经济整体发展的要求,更是提高国家综合实力的必经之路。

到了"十二五"时期,中国的区域总体发展战略是以四大区域为地域框架,推进西部大开发、全面振兴东北老工业基地、促进中部崛起和支持东部地区率先发展,并对革命老区、民族地区、边疆地区和贫困地区提出"进一步加大扶持力度,加强基础设施建设。强化生态保护和修复,提高公共服务水平,切实改善老少边穷地区生产生活条件"。

进入"十三五"时期。随着国际国内经济政治局势的发展变化,提出了"经济发展带"的构想,包括"一带一路""长江经济带""京津冀协同发展"等,实现东西并重、内外联动、区域协同、陆海统筹的战略性空间布局,开放程度进一步加强,促进经济要素在更大范围、更高层次、更广空间顺畅流动与合理配置,为加强区域耦合、提高城市群的辐射力和带动力奠定基础。

2017年4月1日,中共中央、国务院印发通知,决定设立河北雄安新区。雄安新区规划范围涉及中国河北省雄县、容城、安新三县及周边部分区域,地处北京、天津、保定腹地。这是以习近平同志为核心的党中央作出的一项重大的历史性战略选择,是继深圳经济特区和上海浦东新区之后又一具有全国意义的新区,是千年大计、国家大事。对于集中疏解北京非首都功能,探索人口经济密集地区优化开发新模式,调整优化京津冀城市布局和空间结构,培育创新驱动发展新引擎,具有重大现实意义和深远历史意义。

二、中国区域经济发展战略的实施效果

(一)区域平衡发展战略的实施效果

这一阶段通过对内地的重点投资和政策倾斜,把全国区域间的收入差距控制在比较平均的限度之内。1952年,全国29个省市区人均生产总值标准方差为104.7元;到1978年,除北京、上海、天津三个直辖市人均生产总值高出全国水平较高外,其他沿海省份与内地省份之间的差距没有出现显著扩大,一些内陆省份的人均生产总值还高于东部沿海省份。除三个直辖市之外的26个省区人均生产总值标准方差为106.5元,与1952

年相比变动不大。其次,大规模的投资倾斜有效促进了内陆地区经济社会的发展,拓展了生产力发展的空间,加速了内地的经济发展,缩小了长期以来存在的区间差距,基本建成了以重工业为主的产业体系,内陆地区国家重点投资建设的省份如陕西、四川、黑龙江、湖北、云南、青海、宁夏等在全国GDP中所占比重都得到了明显提高。

与此同时,这一战略也带来了一些问题,比如:由于中西部地区的自然资源和经济基础较差,投资回报率明显低于经济基础和人力资源都占优势的东部沿海地区,所以说当时的区域经济政策选择了公平而损失了效率。结果就是虽然当时向内地投资较多但并没有取得令人满意的经济效益,相反东部沿海地区利用自身的基础优势和区位优势仍然顽强地实现了经济增长,但其发展程度还是受到了人为限制。尽管1952—1965年一度出现沿海与内地的发展差距逐渐缩小的趋势。但之后继续坚持的内地投资倾斜政策未能再延续相对平衡的局面,沿海地区与内地的发展差距呈现扩大趋势。

1952年,内地18省市区GDP比重约为49.3%,而到1978年内地省份在全国的GDP比重下降了1.8个百分点。经过将多年的内地重点发展时期,全国各区域均衡发展的局面也未能实现。

总之,在面临中华人民共和国成立初期生产力严重失衡的经济格局时,国家实施了以"加强内地建设、平衡生产力布局、巩固国防"为目标的区域经济平衡发展战略。该战略对于内地经济的发展、我国生产力布局的改善,民族团结和国家安全的巩固还是发挥了重要的积极作用,但也存在诸多不足和有待改进之处。

(二)区域非平衡发展战略的实施效果

这一时期对沿海城市以及经济特区的投资倾斜使得它们的工业、港口与城市基础设施水平都实现了快速发展。同时,对这些地区在财政、税收、金融等方面所给予的优惠对经济发展起到了很好的辅助支撑作用。到1985年,在东部地区,人均基本建设投资约为114.7元,西部、中部地区分别相当于东部的72.4%和66.8%。而到1995年,各地区间的人均基本建设投资差距进一步扩大。西部、中部地区仅相当于东部的50.7%和49.9%,区域基本建设投资直接影响着区域经济发展基础和条件,从而对地区的生产力有着重要影响。其次,国家率先在东部沿海地区实行对外开放,并不断加大开放力度。同时,外贸体制改革作为配套政策也率先在东部沿海地区展开。逐步改变高度集中的外贸体制,下放外贸经营权,从而调动了市场积极性。这一系列的政策措施,对东部沿海的对外贸易、外资吸引等产生了很好地促进效应,发展了东部地区外向型经济。沿海地区及时抓住时机引进外资,学习先进技术和管理经验。从而迅速提高了经济发展水平。相关数据显示,1985—1990年,全国出口额增长了1.1倍,东部地区则增长了2.5倍,其占全国总出口额的比重由74.2%。上升至80.8%;东部沿海地区实际利用外资从1985年的17.5亿美元提高到1990年的38.9亿美元。这些都表明在这一时期东部地区的经济外向度不断提高,发展方式更加灵活,区域发展的市场导向日益明显,对要素的吸引和利用能力加强,进一步提高了区域内资源配置效率。

　　这段时间的非均衡发展战略使东部沿海地区和经济特区的经济得到了快速发展。在较短时间内,全国的区域经济格局就已经实现了很大的变化,促使我国区域经济格局由沿海和内地两大板块调整为"东、中、西"三大经济带格局。《中华人民共和国国民经济和社会发展第七个五年计划(1986—1990年)》强调指出:"我国地区经济的发展,要正确处理东部沿海、中部、西部三个经济地带的关系。'七五'期间以至九十年代,要加速东部沿海地带的发展,同时把能源、原材料的建设重点放在中部,并积极做好开发西部地带的准备。把东部沿海发展同中、西部的开发很好地结合起来,做到互相支持、互相促进。"国务院领导人在《关于第七个五年计划的报告》中指出:"在投资的地区分布上,要根据东部、中部和西部地带的经济发展情况和资源条件,确定不同的投资重点和恰当的投资比例,使东部地带的发展和中部地带以及西部地带的开发更好地结合起来。"这一计划体现了我国对于梯度推移理论的充分利用。

　　非平衡发展战略的实施,使东部经济快速发展、综合国力快速提升,也导致了东、中、西三大地带的区域经济发展差距不断扩大。中央不得不开始考虑公平问题,在1992—1999年这一时期采取了一系列措施,如:开放黑河、满洲里、珲春等13个沿边城市和内陆省会以及三峡经济开放区,为中西部地区吸引外资、技术创造了有利条件。同时,开始在中西部地区投资建设铁路、交通和水利等基础设施,带动了内陆沿线经济发展。八届人大四次会议通过的《关于国民经济和社会发展"九五"计划和2010

年远景目标规划纲要》中明确提出,从"九五"开始,国家要更加重视支持中西部地区经济的发展,逐步加大解决地区差距仍在扩大的力度,积极朝着缩小差距的方向努力。

虽然国家进行了一些政策调整,但是并没有缩小东西部经济发展的差距,东部与中西部地区相比,发展速度更快,发展质量更好,人民获得实惠更多更显著,中国的区域经济发展日益失衡,全国经济日益向东部沿海地带倾斜,深刻地改变了中国区域经济的格局。1995年,东部地带人均生产总值是全国平均水平的141.8%。中部地带比全国低1149.4元,相当于全国平均水平的76.3%,比1990年下降了6.6个百分点,绝对差距比1990年扩大了862.8元;中部地区与东部相比存在着3177.6元的绝对差距,只相当于东部人均水平的53.8%。西部地带最低,增长速度最缓慢,人均生产总值仅相当于全国平均水平的59.8%,绝对差距与1990年相比急剧扩大。

不可否认的是经过20年的非均衡发展,我国经济总量大幅增加,整体实力显著增强,取得了飞跃式的发展。但是,东部和中西部的经济增速和经济总量也迅速扩大,各经济指标差距明显。并且,由于区域经济发展战略的实施方法还不够完善,不可避免地导致了区域经济封锁、区域产业结构趋同、区域之间利益摩擦和冲突、过分追求经济增长而忽视对资源和环境的保护等诸多矛盾和问题中。

(三)区域协调发展战略的实施效果

1999年,国家实施西部大开发战略以来,区域协调发展战略及其各项政策取得了良好的成效。使得区域发展相对差距总体缩小。

由于"十二五"时期,中央加大了对老少边穷地区的帮扶力度,这些地区的发展步伐加快,仅2011年对"老少边穷"地区转移支付总额达370亿元。同时,继续深化与周边国家区域合作机制。加强多重合作机制下的沟通与协调,进一步完善了上海合作组织、东盟与中国领导人会议等对外交流平台,并通过各类平台为我国中西部地区企业发展创造条件,还设立了一批边境开放口岸、内陆新区、内陆保税区和综合改革试验区,强化了中西部地区对外开放功能。

2014年3月,主体功能区建设开始试点,决定以国家重点生态功能区为主体,选择部分市县开展国家主体功能区建设试点示范工作。从主体功能区的效果来看,这激发了试点地区一定积极性与主动性,将有利于主体功能区建设和体制机制创新。同时,中央对限制开发和禁止开发区域转移支付力度加大,以转移支付为主的纵向生态补偿机制初步形成,也提高了当地基本公共服务能力。

尽管"十二五"时期区域总体发展战略取得了很大成绩,但发展不平衡现象仍然存在。"十二五"时期,我国各地区经济进入由高速向中高速转换的发展阶段,尽管增速有所下降,但大部分地区仍保持了较高的增长速度,支撑了全国经济的稳步发展。从全国31个省区市人均地区生产总值来看,地区之间的发展差距有所缩小,中部和西部地区生产总值占全国的比重不断上升,东北地区自2013年以后下降。但区域发展不平衡现象依然存在,受国内外环境影响,近年来,尤其是2014年至今,东北地区和山西省经济增速下滑明显,这些省份以资源、能源输出为主,产业结构单一,主导产业多处于产业链的上游,深加工能力相对薄弱,受需求下降影响较大。

首先,一些贫困地区在教育、医疗等基本公共服务方面与发达地区仍存在较大差距;其次,区域一体化进展缓慢,区域合作和协调力度不够且动力不足;最后,主体功能区战略和主体功能区规划将深刻影响我国国土空间开发格局变化走势,由于受到发展观和体制机制的制约,地方政府追求GDP的动力仍强于落实主体功能区战略的意识,生态文明建设和主体功能区战略的实施都需要一个漫长而艰苦的过程中。

党的十八届五中全会深入分析了"十三五"时期我国发展环境的基本特征,认为我国发展仍处于可以大有作为的重要战略机遇期,也面临诸多矛盾叠加、风险隐患增多的严峻挑战。这是一个重大判断,对于我们顺应经济社会发展新常态,主动全面深化改革。主动转变经济发展方式,确保如期实现全面建成小康社会奋斗目标具有重要意义。这一时期国内经济的战略主线是创新驱动。从全球范围看,科学技术逐渐成为推动经济社会发展的主要力量,创新驱动是大势所趋;从国内看,创新驱动是形势所趋。我国经济总量已跃上世界第二位,社会生产力、综合国力、科技实力迈上了一个新的大台阶。"十三五"时期经济发展目标是保持经济中高速增长,GDP年均增长保持在6.5%以上,预期到2020年"全面建成小康社会",实现国内生产总值和城乡居民人均收入比2010年翻一番的目标,推动产业迈向中高端水平。国家构想将有利于推进供给侧结构性改革,加快转变经济发展方式,真正做到"稳增长、调结构",也为降低能源资源消耗保护生态环境、降低二氧化碳排放等提供了良好的、宽松的宏观经济环境;更要完善对外开放战略布局,支持沿海地区更深层次参与全球经济合作和竞争,培育有全球影响力的先进制造基地和经济区,全面实行准入前国民待遇加负面清单管理制度,有序扩大服务业对外开放;推进"一带一路"建设,打造出陆海内外联动、东西双向开放的全面开放新格局;深化内地和港澳、大陆和台湾地区合作发展,积极参与全球经济治理,加快实施自由贸易区战略。积极承担国际责任和义务,积极参与应对全球气候变化谈判。同时,自贸区战略将成为我国用全球化视野谋划国际经济合作新方略的重要形式,遍布全球的自贸区网络就是为这种深化搭建的桥梁。

稳增长背景下,大力发展长江经济带是扩大内需的最佳着力点。2015年4月出台的《长江中游城市群发展规划》明确了"长江经济带"战略未来的实施路径。推动黄金水道功能,建立综合立体交通枢纽是长江经济带的建设重点。京津冀战略为疏解非首都功能提供空间,目前规划的雄安新区有望成为与北京协作的"创新中心+金融城",解决北京"大城市病",促进京津冀协同发展。雄安新区将成为新常态新发展模式的改革创新试验田,探索城市开发建设新模式,打造未来城市标杆:绿色生态、传统与现代融合、宜居。

展望未来,随着城市化的快速推进和区域协调发展战略的实施,区域经济格局也将发生比较明显的变化,虽然未来一段时期东西部地区经济差距有可能继续扩大,但各区域人均收入以及城乡人均收入差距有望缩小;长江三角洲、珠江三角洲和京津冀三大城市群将带动中国经济发展,东北老工业基地有望重振,雄安新区的规划思路有望带动京津冀崛起;国际合作继续加强,次区域经济合作进一步推进。

第六章 区域经济发展的改革探索

第一节 区域经济发展改革之供给侧改革

一、背景

经过改革开放四十多年的发展,我国国民经济发展成果显著,极大地提高了人民生活水平,创造了举世瞩目的经济奇迹。但是当前我国经济发展也出现一系列新的问题,需求侧的"三驾马车",即投资、消费、出口对经济发展的拉动疲软,不能适应我国当前的经济发展形势。基于此形势下,我国提出了供给侧改革,即通过供给侧改革来应对当前经济状况,推动我国经济持续健康发。

二、供给侧改革和区域经济发展基本概念

(一)供给侧改革

供给侧改革,一般是指供给侧结构性改革,是我国应对2015年以来经济步入"新常态"而提出的改革措施。供给侧改革就是以劳动、土地、资本、科技创新力等要素资料作为驱动力,用改革的方式来实现最优要素配置,减少过剩产能供给,扩大和提高有效供给和高端供给,成为带动经济增长的主要助力,同时调整我国现有的经济结构。更好地适应我国国民经济发展的要求,满足人民生活需要。供给侧改革,同时也是一种改革方式,也就是需要改革政府在经济发展中的作用,规范政府作用,避免"有形的手"过分干预经济,发挥市场在资源配置中的决定性作用①。

(二)区域经济发展

区域经济发展,一方面反映了一个地域实际的经济发展现状。另一

---

①王红红. 供给侧改革视角下区域经济治理制度研究[J]. 中国产经,2020(04):121-122.

方面也反映了内部因素和外部条件之间的相互作用。区域经济发展不是孤立的。促进一个区域经济的活跃发展不仅需要区域内部各要素共同作用,更需要加强与区域外部的沟通联系,通过协调内外部各方面因素才能实现区域经济健康快速发展。

我国当前经济形势下,区域经济发展多样,规模不一。从国家层面来讲,有四个主要区域经济的发展值得更多地关注,即东部地区、中部地区、东北老工业基地以及西部地区。另一方面,环渤海经济圈、长三角经济圈、珠三角经济圈经济实力雄厚,自身特点鲜明,而中西部的"中原经济区""大西南经济圈""丝绸之路"的经济带发展也不容小觑。

三、供给侧改革与区域经济发展之间的联系

(一)二者之间存在一致性

无论是供给侧改革还是区域经济发展,二者都要求我国政府在当前实际的经济形势下,有方针、有策略地解决经济中存在的客观性问题,实现经济结构优化升级,给经济增长注入新鲜血液。同时二者的发展都需要政府简政放权,加强政府制度创新,节省经济审批时间。促进经济长期增长,努力实现区域经济结构转型升级,实现区域经济协同联动发展。综上所述,供给侧改革和区域经济发展在目标和方式上都有一致性,在推动供给侧改革的同时,促进区域经济的更进一步发展。

(二)二者之间存在对立性

如果在供给侧改革中不能充分考虑区域经济中的实际问题,或者不能"因地制宜"的"温和"的进行改革,危及一个区域经济的稳定,就将对经济发展起到负作用。产生不可避免的负面经济影响。以我国东北老工业基地为例,由于东北三省重工业比重大,产业结构单一,而且多为产能过剩产业,因此供给侧改革中需要革除产能过剩问题,但是在此过程中造成老工业基地就业形势不容乐观,而且给政府财政收入也带来了负面影响。

四、供给侧改革为区域经济发展注入新活力

(一)供给侧改革与区域经济创新发展

在当前经济条件下,我国区域经济发展不能发展高耗能、低效率并且

以牺牲环境为代价的产业,由此更突出了供给侧改革下需要以创新性发展作为经济发展的驱动力。科技创新能够促进我国经济结构转型升级,而我国经济的转型发展也能更好地改变人们的消费理念,从而实现经济长期发展。

(二)供给侧改革与区域经济协调发展

区域发展不平衡、区域发展差异大一直是我国经济发展中存在的突出性问题,是制约我国经济发展的瓶颈之一,由此产生的一系列经济社会问题会危及经济社会健康发展。供给侧改革要求各经济区域发挥自身经济优势,补齐"短板",为区域经济协调发展注入新鲜活力。

(三)供给侧改革与区域开放发展

在供给侧改革的进一步深入背景下,我国"一带一路"战略在世界范围内引起极大的关注。"一带一路"开放战略是我国区域经济发展的更高平台,带动了我国中西部地区的对外贸易快速发展,加深了我国的纵向开放程度。在供给侧改革中,提倡开放、共享的发展理念,极大地促进了对外开放深度,也加强了与周边国家的经济、政治、文化交流与沟通,真正实现"倡议是中国的,机遇是世界的"。

五、供给侧改革背景下区域经济发展新策略

(一)因地制宜发展区域特色产业

在针对发展差异较大的区域来说,供给侧改革的思想要求充分考虑区域特色,重点发展区域特色产业,并以此为龙头产业,带动整体区域发展。东部地区人才、技术、资金充足,更应该在改革中率先发展创新型产业,并加快信息、技术等要素向中西部辐射的步伐,积极践行"共同富裕"理念。中部地区劳动力、自然资源等比较丰富,工业基础较好,应着重经济结构的优化升级,发展绿色经济。西部地区应抓住"一带一路"战略机遇期,做好向西打开门户、逐步发展外向型经济的准备。

(二)加大对中西部科教文化事业的支持力度

供给侧改革要求创新、经济转型、结构优化等,最根本之处在于人才的培养、教育的发展以及文化熏陶。长期以来,我国的优秀教育资源集中于东部发达地区,中西部教育资源不平衡,很大程度上制约了中西部

创新发展。科教政策支持力度加大,教育资源向中西部倾斜是当前经济形势下必须做到的。

(三)区域经济绿色发展

供给侧改革就是要调整产业结构,发展低耗能、少污染、高效率的绿色产业,区域经济发展以绿色发展为基调,有利于区域间协调发展,也有利于全国经济发展全局。

第二节 区域协调发展与区域治理

一、区域协调发展本质上就是如何正确处理效率、公平及可持续发展的问题

对于什么是区域协调发展,国内学者已有很多研究,他们从不同的角度给出了自己的观点。其中有代表性的观点有:①范恒山从科学发展观的要求出发,认为区域协调发展至少应包括五个方面:一是各地区人均生产总值差距应保持在适度范围内;二是各地区群众能够享受均等化的基本公共服务;三是各地区比较优势能得到合理有效地发挥;四是不同地区之间形成优势互补、互利共赢的良性互动机制;五是各地区人与自然的关系处于协调和谐状态。②陈秀山认为,区域协调发展是一种强调坚持均衡发展与非均衡发展相结合的动态协调发展战略。它是在国民经济发展过程中,既要保持区域经济整体的高效增长,又要促进各区域的经济发展,使地区间的发展差距稳定在合理适度的范围内并逐渐收敛,达到各区域协调互动、共同发展的一种区域发展战略。③郝寿义认为,区域协调发展是不同区域基于自身要素禀赋的特点,确定不同要素约束条件下的开发模式,形成合理的分工,同时在政府的调控下,使区域之间的发展条件、人民生活水平的差距保持在合理的范围内,人与自然之间保持和谐的发展状态。

综观已有的研究可以发现,不论研究者是从哪个角度阐释区域协调发展的概念、内涵,事实上都是在强调区域发展过程中三个方面的问题。

一是效率问题。如对区域整体经济和内部各区域经济高效增长的强调；对区域内各地区比较优势发挥以及合理分工和经济联系的强调等。二是公平问题。如对地区差距范围及其趋势的强调；对各地区基本公共服务均等化的强调；对各地区发展机会均等、利益共享的强调等。三是可持续发展问题。如对人与自然和谐关系的强调等。但它们基本上把区域协调发展描述成某一静态的状况，而没有说明协调发展是一个动态的过程，需要根据区域经济社会发展及资源环境和要素的状况不断做出调整。

因此，笔者认为，区域协调发展从本质上看就是一个区域基于自身经济发展状况以及资源环境和要素约束，在区域发展过程中始终使效率、公平和可持续发展三者之间的关系处于最优状态。也就是说，区域协调发展既是某一区域在区域发展过程中使效率、公平和可持续发展三者之间的关系呈现出某一最优状态，又是指这一区域根据自身经济发展及其资源环境和要素的不同状况，使区域发展过程的效率、公平和可持续发展三者之间的关系处于动态最优状态[①]。

二、区域协调发展依赖于市场与政府作用的充分发挥

在完善的市场经济条件下，市场对区域协调发展的作用主要依赖于市场机制作用的充分发挥，也即通过竞争机制、供求机制、价格机制及利益机制的共同作用来实现区域内资源的优化配置，从而促进区域协调发展。其主要表现在：一是通过优胜劣汰的竞争机制，淘汰落后的生产力，提高整个区域的劳动生产率，维持整个区域的发展效率。二是在利益机制的作用下，使资金、劳动力、资源和信息等生产要素可以在区域内自由流动，从而可以促进各地区之间的经济联系。三是在各地区自然禀赋差异和历史差异的前提下，通过供求、价格和利益机制的综合作用，可以形成按比较优势进行的区域分工，从而增强整个区域的经济活力和效率。

市场机制作用的发挥至少取决于以下两个因素：一是区域内市场体系的完善。不仅要有完善的包括消费品和生产资料等的商品市场，还要有完善的劳动力市场、人才市场、金融证券外汇等资本市场、房地产市场、科技市场等生产要素市场，以及各类服务市场。二是全国统一市场

---

①杨萍，刘子平，吴振方.产业能力、政府治理能力与区域协调发展[J].经济体制改革,2020(04):107-114.

的形成。也即在全国范围内不存在地区封锁、市场分割,只有这样,供求、价格、竞争等市场机制才能充分发挥作用,才能真正有效地促进资源流动、产业调整升级和推动地区间优势互补,从而达到区域协调发展。

但即使是在市场机制充分作用的条件下,市场对区域协调发展的作用还是有其局限性的,这就是我们通常所说的市场失灵的存在。市场失灵在区域协调发展中的表现主要有以下几点:一是在市场机制作用下,区域内人才、资本、资源、技术等生产要素会纷纷向发达地区集聚,虽然集聚过程中也可能存在逆向的扩散效应,但整个过程中,生产要素的极化效应总是大于扩散效应,这样就会出现一种累积循环因果的过程,伴随着这一过程,区域之间的差异就会不断扩大。地区间发展差距过大,就会影响到区域内整体需求的扩大,阻碍经济结构的优化,进而影响整个国民经济的健康发展;而且还会威胁社会稳定和社会安全。二是市场机制的作用无法解决外部性问题。典型的问题就是区域发展过程中环境污染问题和资源利用的可持续问题。三是市场机制的作用无法提供区域协调发展所需的公共产品。如跨区域交通设施的提供和保障社会经济正常有效运行,尤其有利于促进区域协调发展的法律的提供等。

市场失灵的存在为政府作用的发挥提供了依据。促进区域协调发展,政府的作用主要体现在以下方面:一是制定一系列的市场法规和规则,维护正常的市场运行和竞争秩序,以充分发挥市场机制的作用。二是解决市场失灵中的外部性和公共产品缺失问题。三是解决区域发展中地区差距过大而有可能产生的效率损失和地区发展机会的公平问题。四是解决好近期发展和长远发展关系的可持续发展问题。

应当指出的是,政府作用的发挥并非总是有效的,也可能出现执行政策不力或提供的信息不够充分、寻租或腐败等政府失灵问题,当然,更常见的是政府"越位"或"缺位"的失灵现象。"越位"是指在区域发展中,政府过多地干预市场,阻碍了市场机制正常协调区域发展功能的实现。如政企不分,政府直接办企业,违背市场经济规律干预企业,搞行政垄断、地区封锁,人为地把企业分为本地的、外地的进行区别对待,不顾法律约束,对企业随心所欲、为所欲为等现象。"缺位"是指政府没能很好地发挥作用,弥补市场失灵。

当前,我国在区域协调发展问题上,既存在市场体系不健全导致的市场机制不能充分发挥作用的问题,又存在政府"缺位"和"越位"的问题。正是这些问题的存在,使得在区域发展过程中没能使效率、公平和可持续发展三者之间的关系处于最优状态。因此,必须构建促使区域协调发展的相关机制,以实现区域发展过程中的效率提升、公平体现和可持续发展,使三者关系处于最优状态。

三、区域协调发展机制的构建

根据以上的分析可以知道,区域协调发展依赖于市场与政府作用的充分发挥,只有这样,才能使区域发展过程中始终使效率、公平和可持续发展三者之间的关系处于最优状态。区域协调发展机制的构建关键在政府,政府作用真正发挥好了,市场机制就会自动起作用,从这个意义上说,区域协调发展机制构建的前提就是正确界定政府职能。根据党的十八届三中全会的决定,应做到"政府要加强发展战略、规划、政策、标准等制定和实施,加强市场活动监管,加强各类公共服务提供。加强中央政府宏观调控职责和能力,加强地方政府公共服务、市场监管、社会管理、环境保护等职责"。在此基础上,再来构建区域协调发展机制。

(一)区域协调发展保障机制

第一,建立健全区域协调发展的法律保障机制。

改革开放以来,我国地方政府自主发展经济的动力非常强劲,已成为推动国家经济发展的主动力。但在区域协调发展问题上,往往动力不足,有关区域协作的政策或举措,到了关键时候,涉及切身利益,就出现协商起来轰轰烈烈,实施起来各自算计,都想以自己为中心来发展,难以形成真正意义上的区域协调政策。究其原因,还是在于我国在区域协调发展问题上缺乏较完备的法律规范和制度基础,区域协调政策无法可依。因此,必须建立健全区域协调发展的法律保障机制。

具体如下:①制定区域协调发展基本法。以法律形式确定各级政府在区域协调发展中的责任、权利和义务,使政府关于地区发展的综合规划和政策具有法律依据。基本法的主要目的在于协调地区之间和部门之间的利益关系,明确各级政府在地区发展中的具体职责,从而促使政府职能转变。②制定特定区域开发法。如西部开发法、贫困地区振兴法、资源枯竭地区转型法等。③将用于区域协调发展的相关财政政策、金融政策等手段法律化。将中央协调地方利益的方式和方法以严密的法律条文予以明确地界定,这将避免以往政策的主观随意性和政府之间的讨价还价,使地区政策具有权威性和稳定性。④区域开发资金法。这主要体现在财政与金融方面的相关法律,如《西部开发银行法》《转移支付法》等。⑤促进区域公平竞争法。如《工业布局法》《地方就业法》等。

第二,建立健全市场机制有效发挥作用的保障机制市场机制。

有效发挥作用的保障机制主要有以下几个方面:①推动地方开放区域市场,促进全国统一市场的建立。一是强化地方政府开放区域市场的责任,从制度上弱化地方进行区域市场分割的利益冲动。二是改革市场监管体系,实行统一的市场监管。清理规范各种不符合公平竞争的地方优惠政策,严禁和惩处违法的地方优惠政策,反对地方保护主义。三是健全市场化的退出机制,坚持和完善企业破产的相关制度。四是实行无地区差异的市场准入制度。②完善要素市场体系。一是建立市场能形成的价格就交由市场决定的机制,对竞争性环节的价格政府完全放开,不进行干预。二是不断深化改革,彻底解决区域要素市场分割问题。三是合理布局若干区域性要素市场,并进一步推进全国统一要素市场的形成。同时,加大信息基础设施建设,促进无形市场建设。③完善企业自由迁徙机制。一是使企业成为真正的市场主体,自由决定发展区位。二是完善产权市场,为企业跨区域并购发展提供便利。三是减少行政干预,降低市场交易成本,为企业跨区域发展提供保障。四是以完善的市场体系保障企业实现区域分工。五是对相关的政策进行改革,发挥政策的自调节作用。如对消费税制度进行改革,改现行的生产环节征税为最终消费环节征税,并将其改为地方税。这样,由于其属于地方税,那么地方税收的多少就和当地的人口规模休戚相关,就会使经济集聚与人口集聚在空间上基本匹配。

第三,把区域协调发展作为地方政府政绩考核的重要指标。改革地方政府政绩考核的指标,强调指标体系中的服务型政府建设要求,完善巩固市场经济体制、破除地方保护推动市场要素合理流动的相关指标,推动地方生态环境建设和资源集约节约利用等可持续发展的指标,促进企业分工协作、产业升级和经济结构优化发展的指标等。

（二）区域协调发展合作机制

我国幅员辽阔,各地区资源禀赋和发展要求各不相同,这就使区域合作既有基础又会因各自目的不同而难以协调。因此,需要建立多层次、多元化的区域合作体系。

第一建立多层次政府合作协调机制。一是中央政府成立专业的职能部门全面负责区域政策的规划和实施。二是进行制度创新,建立基于经济区的跨行政区协调管理机构,以改变目前我国地方政府之间的非制度化合作,建立强有力的组织保障和长效合作机制。三是消除民间组织发展的制度障碍,激发各类涉及区域协调发展的民间组织的建立,以民间的力量推动跨区域政府和企业进行合作,促进区域经济一体化的实现。

第二,建立分类指导的区域合作发展模式。我国各地区区位条件和经济发展状况各不相同,在进行区域合作时选择模式也应有所区别。有些地区已经形成了城市集群发展态势,那么就应该选择"城市群"合作发展模式;有些地区属于边境地区,就应积极探索或寻求融入跨境合作发展模式;有些地区处于重要交通干线沿途,就可以选择"点—轴"合作发展模式;我国有很多大江大河,而且基本呈现出上游、中游、下游的经济落后、经济欠发达、经济发达的区域特征,它们之间就可以选择流域治理合作发展模式,实现流域内政府间的协调发展。

第三,建立以弥补市场失灵为主的区域合作制度。一是改变环境治理的本位主义思想,建立跨区域的环境治理机构,尤其是对流域治理,需要全流域的统一规划和协调,在互信、互助、互利的基础上进行合作治理以实现区域的整体环境利益,实现可持续发展。二是加强跨区域基础设施建设。国家层面要加大对欠发达地区重大基础设施建设项目的支持;各地方也要在现有道路网络基础上努力消除连接地区之间、城市之间的交通"瓶颈",加强基础设施对接和资源共享利用,有效促进水、陆、空等各种运输方式的分工与协作,以形成联系广泛、经济高效的跨区域交通运输网络系统。

（三）区域协调发展援助机制

第一,进一步优化对口支援制度。在现有的对口支援西藏和对口支援新疆制度化的情况下,还要对其他"老少边穷灾"地区帮助实现制度化,以尽快改变其欠发达状况。对对口支援的管理进行深化,改变一直以来更重视投入,而对援助效果考评较少的状况。淡化对口支援的政治任务色彩,逐步将对口支援转化为规范的地区横向转移支付制度。

第二,通过规范中央转移支付结构和办法,推进基本公共服务均等化。提高一般性转移支付占转移支付总额的份额,并以因素法作为无条件转移支付的分配方法,来满足实现基本公共服务均等化的条件。同时,对确保基本公共服务均等化的专项转移支付,规定不需要接受该专项转移支付的地区提供配套资金。

第三,对欠发达地区或资源枯竭型城市等问题区域,给予一定的政策扶持,通过在问题区域内创造良好的投资与经营环境而间接地援助问题区域发展。

第四,建立多层次的生态补偿机制。对全国主体功能区规划中的限制开发区和禁止开发区,根据其生态保护的功能定位,按照一定的计算方法通过财政补贴的方式由中央政府给予适当补偿,以激励其为区域协调可持续发展做出的贡献;也可根据受益原则,通过一定区域内或某一流域范围内土地开发强度较高地区对口支援限制开发和禁止开发地区进行补贴;还可以通过建立区域生态补偿基金的方式,促进区域内不同类型主体功能区的可持续发展。

(四)区域协调发展约束机制

第一,针对过度膨胀区域的约束机制。应通过对特大城市的整体规划以确定城市的发展定位并进行分区控制,建设功能区;通过建设卫星城等办法分流中心城区人口压力,控制特大城市的过度膨胀;加强大城市与周边城市的交融合作与分工,形成城市群,促进城市群内的资源共享;通过设置相应进入"门槛"和加强周边区域基础设施建设的双重效应来缓解特大城市的过度膨胀问题。

第二,进一步完善和强化主体功能区规划的约束性。主体功能区规划是我国约束性特征最为明显的区域政策,是实现国家可持续性发展的有力保障。目前,主体功能区规划还存在一些问题:一是省级主体功能区规划推进速度较慢。二是国家的主体功能区规划的地方落实遇到阻力。主体功能区规划就是为了控制开放强度,地方政府具有内在的发展冲动,两者之间有一定的矛盾,地方具体落实时就会出现博弈。三是由于出台时间的原因,实际上省级"十二五"规划对主体功能区省级规划具有反向约束。四是主体功能区与其他区域政策工具的衔接和协调也还没有制定具体的办法。因此,必须深化、细化主体功能规划,特别是在国家主体功能区规划的约束下,制定好省区主体功能区规划并注意省区的行政区划与国家规划的衔接;国家其他发展规划的制定,尤其是2009年以来诸多地方发展规划上升为国家战略,必须受到主体功能规划的约束,它们之间的衔接和协调办法应该尽快出台。

第三节　自由贸易区建设与演变开放

在我国改革开放的过程中,中国先后提出了"市场多元化""以质取胜""大经贸"和"科技兴贸"等战略,在党的十七大报告中,中国把自由贸易区建设提高到了战略高度。目前中国自由贸易区战略具有伙伴国由周边国家向拉美、非、欧辐射,合作的领域不断拓展与深化,合作国家类型、推进模式多样化的特点。在未来的一段时期内,中国与经济规模较大的发达国家的谈判将取得突破,在兼顾中国的能源政策条件下自由贸易区的合作领域将进一步深化,最后对推进层次进行了展望。

一、背景

20世纪90年代末期,一方面,WTO谈判受阻,1999年西雅图谈判不欢而散,2001年多哈回合无果而终,2003年坎昆会议陷入僵局。另一方面,欧盟和美国等大国把对外政策由多边合作为重心转向以双边合作为重心所产生的"多米诺骨牌效应"(Baldwin,1995)。区域经济一体化进入第三次高潮,涌现了大量的区域贸易协定。

面对国际经济形势的变化,自从20世纪90年代以来,我国先后提出"市场多元化""以质取胜""大经贸"和"科技兴贸"四大外贸发展战略,使中国成为世界第三大贸易国,创造了发展中国家贸易增长的奇迹。

中国在2001年加入WTO以后。开始积极地参与区域经济一体化进程,2006年商务部提出了"守住周边、扩展到全球"总体布局,"全面规划、突出重点、先易后难、循序渐进"的指导原则以及自由贸易区的总体战略构想。在《中华人民共和国国民经济和社会发展第十一个五年规划纲要》中把加强双边、多边合作作为推进我国对外开放的重要内容,并在十七大报告中提出实施自由贸易区战略,加强双边多边经贸合作,进一步强调了自贸区建设对中国发展对外经贸合作中的重要意义,把自由贸易区建设提到了新的战略高度。

就中国的区域合作方面的问题,许多学者进行了研究。李众敏选取澳大利亚、新西兰、南非、印度、韩国和日本作为中国签订自由贸易区的对象,认为短期中国应该加强与澳大利亚、新西兰以及南非三国的贸易关系,而长期我国自由贸易区要以韩国、印度、南非三国为重点。宋玉华从"多米诺"效应引致的"轴心—辐条"结构出发,认为中国应该积极与亚太地区的国家或地区开展。自由贸易区谈判且尽快与这些国家或地区签订自由贸易协议,从而确立中国在这轮自由贸易协定签订的浪潮中亚太"轴心"国之一的地位。李钢对"一国两制"与 WTO 框架下的自由贸易区、已经开始建设的自由贸易区、已经开始谈判的自由贸易区以及已经开展联合研究的自由贸易区进行分类分析后,提出了与四种不同类型的国家或地区谈判的模式。

到目前为止,大部分研究都是从区域经济合作方面对中国参与区域经济合作进行分析,很少有人对中国自由贸易区建设的演化过程和特点进行系统地总结。笔者在分析中国实施自由贸易区战略的现状和特点的基础上,对中国实施自由贸易区战略的趋势进行分析并对签订顺序进行了展望。

二、中国自由贸易区战略的演进历程与特点

中国加入 WTO 后,由通过多边机制参与全球合作向多边、双边"双轮"驱动参与全球合作,几年来在国际经济双边合作方面取得了重要的进展。中国开展自由贸易区建设从广度和深度两个层面推进,模式呈现多样化特征。

(一)伴随着自由贸易区数量的增多,伙伴国由周边国家向拉美、非、欧辐射

在已经签订自由贸易区的国家或地区中,大部分是中国周边国家或地区,再就是隔洋相望的国家,说明中国自由贸易区建设的重点在周边。开展联合研究和谈判的国家中,包括日本、韩国、印度和俄罗斯等周边国家,挪威、瑞士和冰岛等欧洲国家,秘鲁、哥斯达黎加和南方共同市场等

国家或集团,以及南部非洲关税同盟非洲的集团,从而可以看出,中国自由贸易区战略特点是以周边国家为重点,向拉美、非、欧辐射。

(二)自由贸易区合作的领域在不断拓展与深化

从2003年签署第一份自由贸易协议开始,中国参与区域一体化的进程有加速的趋势。伴随着签订和开展谈判的自由贸易区数量的增多,合作的领域在不断拓展与深化。一方面在已经签订的自由贸易区框架下进一步拓展与深化。根据2002年中国与东盟签署的《中国—东盟全面经济合作框架协议》,在中国—东盟自由贸易区的框架下与2004年1月1日启动了"早期收获"计划,2004年11月双方签署了《货物贸易协议》,2007年1月14日双方又签署《服务贸易协议》,自由贸易区合作领域从农产品领域向一般货物贸易再向服务贸易不断拓展,合作的内容不断深化。另一方面,中国—新西兰自由贸易协议,在协议中包括了货物贸易、服务贸易、人员流动和投资贸易的自由贸易协定也体现了自由贸易区深度一体化的特征。中国与新加坡双方在中国—东盟自贸区的基础上,于2008年10月23日签署了《中华人民共和国政府和新加坡共和国政府自由贸易协定》,进一步加快了贸易自由化进程,拓展了双边自由贸易关系与经贸合作的深度与广度[1]。

(三)自由贸易区战略推进模式呈现出多样化特征

开展自由区建设几年来,中国根据对象国或地区的不同特点灵活地采取了多种不同的战略推进模式。

从签订国家的类型上看,从签订南南型自由贸易区向签订南南、南北贸易区转变。在中国启动自由贸易区建设之初。中国在对象选择上主要偏向与发展中国家,并先后与东盟、智利、巴基斯坦签署了自由贸易协议,随后与多个发达国家开展了自由贸易谈判,于2008年4月与新西兰签署了自由贸易协议,成为我国与发达国家签署的第一个自由贸易协议,从而实现了我国由南南合作向南南合作、南北合作同时并存的局面。到目前为止总体呈现出如下几种战略推进模式。

战略推进模式一:"一国两制"下自由贸易区战略推进模式。香港和澳门虽然是中国领土的一个部分,但以一个地区的身份建立了独立与中

---

[1]沈曦.论加快推动中国自由贸易区建设[J].现代商贸工业,2020,41(19):19-21.

国内地的关税区,并且都是WTO的成员。在"一国两制"框架下中国内地与香港和澳门分别于2003年6月和2003年10月签订了更紧密经贸关系的安排,它们是一国内部签署的自由贸易协议,体现了内地方面单方面给香港优惠待遇。

战略推进模式二:中国与发展中国家的战略推进模式。中国与东盟采用的是先签订货物贸易协议,然后再签订服务贸易协议的逐步深化的模式。后来建立的中国—智利自由贸易区和中国—巴基斯坦自由区都是采用的这种模式,可以把它称为发展中国家战略推进模式。采取这种模式的原因是:①发展中国家市场经济不是很发达;②发展中国家与中国经济的竞争性较强,签署自由贸易区的效应,特别是短期效应不确定性较强。为了使签订自由贸易区对经济的负面影响降到最小,很有必要采取逐步深化的推进模式。

战略推进模式三:中国与经济规模较小的发达国家的战略推进模式。中国与新西兰采用的是一次性签订包括货物贸易、服务贸易、人员流动和投资自由化等内容的协议。

新西兰代表了市场经济制度完善,但经济规模较小的发达国家。这种模式可以称之为中国与经济规模较小发达国模式。中国与这一类国家谈判比较容易取得突破,一方面,中国与这些国家整体上来说互补性大于竞争性,这类国家只在某些产业有优势,一般不会要求中国开放弱势领域;另一方面,经济规模较小的国家普遍有进入向中国这样的新兴消费市场的需求。

从上面分析可知:伴随着自由贸易区数量的增多,中国自由贸易区战略的实施以周边为主,向拉美、欧洲和非洲辐射,合作的领域在不断拓展与深化,具体实施战略的推进模式根据对象国有区别地进行选择。

三、中国自由贸易区战略趋势分析

由分析可以看出,中国自由贸易区战略的实施已经取得了很大的进展,但与欧盟与美国实施自由贸易区战略的深度与广度相比,中国自由贸易区战略的实施还是一个长期的战略。

(一)继续稳固周边,择机向拉美、欧洲、非洲辐射

确立中国"轴心国"之一的地位,按"守住周边、扩展到全球"总体布

局,"全面规划、突出重点、先易后难、循序渐进"的指导原则以及自由贸易区战略的总体构想,中国自由贸易区战略将继续稳固周边,择机向拉美、欧洲、非洲辐射,从而确立中国在自由贸易区建设中"轴心"国地位。

(二)自由贸易协定的内容和层次将进一步深化

从欧、美、日参与区域经济一体化深度和广度来看,区域一体化已经由单纯的降低关税和配额等传统的货物贸易壁垒向签订包括降低服务贸易、投资等壁垒的深度一体化转变,甚至有的自由贸易区协定还包括与伙伴国的竞争政策、政府采购、环境保护、知识产权等政策的协调。未来的自由贸易战略的实施过程中,深层次开放成为中国自由贸易协议的重要内容具有内外双重原因,一方面,随着改革开放的深入和市场经济体制的完善,中国有必要与伙伴国进行包括竞争政策、知识产权以及环境保护等深层次的合作。另一方面,中国已签订的自由贸易区协定的伙伴国将继续开展深层次合作谈判,中国将在不久的将来与某个经济规模较大的发达国家签订自由贸易协定,而这些国家普遍市场机制完善,会择机要求中国开放包括金融、电信等行业,甚至包含政府采购和知识产权等政策的协调条款。

(三)能源战略将是自由贸易区战略的一个重要方面

目前,如何保证中国的能源供给安全已是一个重要的课题。一方面,与我国的能源战略协调,加快与能源丰富的国家谈判和自由贸易区建设。中国是一个人口大国,资源相对匮乏,人均资源占有量只有世界平均水平的一半。为了降低能源进口的风险,在我国的自由贸易战略中应该充分考虑能源获得持续性,建立多元、稳定、安全、高效的全球供应体系;我国在能源进口方面主要面临现货贸易占的比例太高的问题。

国外的成功经验表明,境外资源的供应宜采取4:4:2的比例,即40%靠境外自主投资开发、40%靠长期供货协议,20%靠现货贸易。一方面,为了提高石油供给安全,在实施自由贸易区建设的过程中,通过与能源丰富的国家签署自由贸易协议时加入能源投资开发条款来降低中国企业进入伙伴国从事能源开发的准入条件,增加投资开发比例,与伙伴国的能源开发企业签订长期供货协议,从源头上保证资源的持续供给,这一类国家包括俄罗斯、委内瑞拉、海湾合作委员会以及其他中东国家等。

另一方面,要与掌握重要能源供应运输渠道的国家签订合作协议,从而保证能源运输安全。如东盟地处太平洋西南的黄金水道,有连接欧、澳的海上交通咽喉——马六甲海峡,我国的石油等能源进口运输大部分要经过这里,因此与东盟特别是与马六甲海峡周边的新加坡、马来西亚签订相关深层次的协议非常必要。

(四)与经济规模较大的发达国家的谈判将取得突破

到目前为止,我国自由贸易区的战略推进模式概括为:"一国两制"下自由贸易区战略推进模式、中国与发展中国家的战略推进模式、中国与经济规模较小的发达国家的战略推进模式。在进一步的自由贸易战略的实施中,在减少自由贸易区签订对经济影响的不确定性同时,进一步丰富和完善战略模式。我国还没有与经济规模较大的发达国家签订自由贸易区,这一类国家,经济规模大,国内优势产业众多,虽然与中国经济的互补性较强,但同样也存在某些保护壁垒很高的产业(如:日本的农业),与这一类国家谈判一般会涉及很多领域的深层次开放,其中甚至包括我国的弱势领域,与这类国家签订贸易协议有可能对中国的经济带来很大的冲击,但随着中国自由贸易区在战略的进一步实施,中国与向澳大利亚和韩国等这样的规模较大的发达国家签订自由贸易协议将成为一种必然。

四、对自由贸易区签订顺序的展望

中国是一个发展中大国,在一些产业有一定的比较优势,在未来的一段时期内,从中国的经济实力和产业竞争力来看,应该重点选择发展中国家和经济规模较小的发达进行谈判,一方面,发展中国家与中国的发展阶段近似,有许多共同面对的问题。与这些国家从短期来讲虽然存在一定程度的竞争,但长期的动态效益对双方都有利,在谈判过程中各方的弱势领域也容易达成共识,容易签订共赢的自由贸易协议。经济规模较小的发达国家大多对中国广阔的市场需求较大,而中国同样需要通过这些国家进入发达国家组成的集团,而且谈判的能力与中国相当,谈判容易取得突破。中国—新西兰自由贸易区的建立就是一个很好的例子。

与经济规模较大的发达国家进行自由贸易区谈判,由于双方所处的经济发展阶段相差较大,双方签订自由贸易区后对双方的影响不确定性较大,而且谈判时肯定会涉及我国的弱势领域,比如制造业的附加值高的产业、电信产业、汽车产业以及金融服务业等。

根据上述分析,中国实施自由贸易区战略的总体构想和目前各自由贸易区谈判或研究进展情况,可以把谈判国家或地区区分为三个层次,第一层次的国家是与中国短时间内有可能签订的国家:第二层次为中国自由贸易区战略的中期目标伙伴国:第三层次为中国实施自由贸易区战略的长期目标国。

五、结论与政策建议

随着签订的自由贸易协定数量的增多,伙伴国由周边向拉美、欧洲、非洲辐射,自由贸易区协定的内容不断深化,自由贸易区战略模式呈现多样化:在未来的自由贸易区建设中,仍然要以周边国家或地区为重点,择机继续向拉美、欧洲、非洲推进。注意与中国的能源战略协调发展,短期内中国与经济规模较大的发达国家将签订自由贸易区协议,自由贸易区合作领域的深度和广度将进一步拓展。

同时,中国在实施自由贸易区建设的过程中应该:一是积极推行改革,完善市场经济体制,做好产业竞争力的评估工作。二是根据"守住周边、扩展到全球"总体布局,和"全面规划、突出重点、先易后难、循序渐进"的指导原则,适当加快中国自由贸易区战略实施的进程。一方面,随着签署的自由贸易协议数量的增多,不同自由贸易区之间的条款的协调,原产地的鉴定将给海关工作带来很高的成本,缩短自由贸易区的建设时间,可以减少成本:另一方面,自由贸易区已经成为提高我国进一步对外开放的重要方式,加快参与自由贸易区建设的进程,有利于中国更好的参与全球竞争。三是积极观察欧、美、日等大国的自由贸易区建设动态,及时调整中国自由贸易区建设的重点与进度。从而掌握自由贸易区建设的主动权。四是积极引导中国企业及时了解中国自由贸易区建设的最新进展,为企业把握国际商机和企业"走出去"占得先机。五是自由贸易区战略的实施,需要大量素质过硬,同时精通外语、国际法、经济的人才,我国在这方面的人才储备不足,因此。做好人才培养工作也是当下的一个重要内容。

第四节 区域经济一体化发展

区域经济一体化是国际经济领域一种比较突出的现象,产生于20世纪50年代。目前,区域经济一体化不仅是各国发展对外经济、提高国际政治地位的重要手段,而且对世界贸易也产生了深远的影响。

一、区域经济一体化的内涵

经济一体化的概念最早是由荷兰经济学家丁伯根在1954年提出的,并给出了定义:经济一体化就是将有关阻碍经济最有效运行的人为因素加以消除,通过相互协调和统一,创造最适宜的国际经济结构。关于区域经济一体化的内涵,目前学术界并没有形成统一的认识。不同的学者对于经济一体化内涵的界定都有自己的关注点。其中,最具有代表性的定义是美国经济学家巴拉萨在1961年提出的,他认为经济一体化既是一个过程,又是一种状态。就过程而言,包括消除各国经济单位之间差别待遇的种种举措;就状态而言,是指各种差别待遇的消失。根据巴拉萨的定义,经济一体化有两个重要的特征:经济一体化的最终目标是在成员方之间建立单一的经济空间,实现经济的完全联合;经济一体化要通过一定的方式,有步骤、分阶段地实现其最终目标,是一个不断发展的过程。

虽然关于区域经济一体化概念的理解存在一定的差异,但其实质内容都是一致的,即区域经济一体化被认为是两个或两个以上的国家或地区通过签订条约或协议,相互取消阻碍贸易发展、经济融合的障碍,进行程度不同的政策和制度合作,以促进彼此间经济与贸易的发展。

二、区域经济一体化的主要形式

(一)按区域经济一体化的发展程度划分

1.优惠贸易安排

优惠贸易安排是指成员之间通过协定或其他形式,对成员间全部商品或部分商品互相提供特别的关税优惠,有时这种优惠也可能是单边的。

优惠贸易安排是区域经济一体化的初级形式,也是区域经济一体化最低级、最松散的组织形式,典型的例子是《亚太贸易协定》,英国与加拿大、澳大利亚等国在1932年建立的英联邦特惠制,以及印尼、马来西亚、菲律宾、新加坡和泰国等东南亚国家联盟。

2.自由贸易区

自由贸易区指成员通过缔结条约,消除关税壁垒和数量限制,在区内实现自由贸易,但对非成员没有统一的贸易政策,各国仍然独立地实行对非成员的关税和其他贸易限制。自由贸易区的典型案例就是北美自由贸易区(NAFTA)。

3.关税同盟

关税同盟是指成员在完全取消区内关税和数量限制等贸易壁垒的基础上,对非成员贸易设定统一的对外关税,对外实行共同的贸易政策。

关税同盟实现了成员在贸易政策上的统一,开始具有超国家性质,是实现全面经济一体化的基础。欧洲经济共同体就是关税同盟的典型案例。

4.共同市场

共同市场是指成员之间通过达成某种协议,相互取消关税和与关税具有同等效力的其他措施,建立共同对外关税,在成员之间实行商品自由流动的基础上,取消劳务、资本和人员自由流动限制的经济一体化组织。

在共同市场中,成员之间不仅要求商品和服务的自由流动,而且要求生产要素,即资本和劳动的自由流动。

5.经济同盟

经济同盟是成员之间通过达成某种协议,不仅要实现共同市场的目标,还要在共同市场的基础上,通过调整各自的经济政策,谋求协调一致的财政、货币、产业、区域发展等政策。

经济同盟在成员之间实现市场一体化的基础上,进一步实现为保证市场一体化顺利运行的政策方面的协调。

6.完全经济一体化

完全经济一体化是指成员之间通过达成某种协议,在经济联盟的基础上实行完全统一的经济政策和社会政策,并建立共同体一级的中央机构和执行机构,以便对所有事务进行控制,使各成员在经济上形成单一的经济实体。完全经济一体化是经济一体化的最高级组织形式,目前世界上尚无此类经济一体化组织,但欧盟正在为实现这一目标而努力。

上述区域经济一体化的六种形式是由低级到高级排列的,上一级形式的一体化组织包含下一级形式组织的特点,但是区域一体化组织形式的排列并不意味着一个一体化组织必须由低级到高级逐步发展,区域一体化组织在发展中可以是一种形式,也可以是几种形式。

(二)按区域经济一体化成员的经济发展水平划分

1.水平经济一体化

水平经济一体化又称横向经济一体化,是指由经济发展水平大致相同或相近的国家(地区)所组成的经济一体化组织,即成员都是发达国家(地区)或者发展中国家(地区)的一体化组织,如欧盟、东盟。

2.垂直经济一体化

垂直经济一体化(Vertical Economic Integration)又称纵向经济一体化,是指由经济发展水平差距较大的国家(地区)所组成的区域经济一体化组织,即发达国家(地区)与发展中国家(地区)之间结成的一体化组织,如北美自由贸易区、亚太经合组织。

(三)按区域经济一体化的范围划分

1.部门经济一体化

部门经济一体化是指区域内各成员的一个或几个部门(或商品、产业)达成共同的经济联合协定而产生的区域经济一体化组织,如欧洲煤钢共同体。

2.全盘经济一体化

全盘经济一体化是指区域内各成员的所有经济部门加以一体化的形态,如欧盟。

三、区域经济一体化与国际贸易

区域经济一体化的产生与发展,对国际贸易产生了重大影响,主要表现在积极影响和消极影响两个方面。

(一)区域经济一体化的积极影响

区域经济一体化的成员由于取消了内部关税和非关税壁垒,因此其积极影响主要体现在对内部成员的贸易影响方面。

1.促进了成员之间贸易的自由化及贸易额增长

区域经济一体化组织成立后,由于消除了关税和非关税壁垒,内部形成了统一的市场,实现了区域内商品、服务、资本、劳动的自由流动,从而推动了成员贸易的增长。

2.促进了成员内部分工的深化

区域经济一体化组织的建立,有助于加强成员之间在生产、科技和其他诸多领域的广泛合作,一些重大的科研项目,例如原子能利用、航空航天技术、大型电子计算机等高精尖技术,在一体化组织内部的推动下得以实施和完成。所以,区域经济一体化能够促进社会生产力的发展和成员内部分工的深化[①]。

3.加强了成员内部市场的融合

区域经济一体化组织的建立,使成员内部的市场进一步统一和开放,有利于降低成员之间的交易成本,扩大成员企业的生产规模,加强了成员内部市场的融合。

4.提高了成员的国际地位

区域经济一体化组织的建立,增强了各成员的经济实力。由于各成员联合起来,以集团的形式出现,提高了其在国际贸易谈判中的地位,有利于维护组织和成员的贸易利益。

(二)区域经济一体化的消极影响

区域经济一体化由于对外实行保护贸易政策,因此,区域经济一体化组织给外部非成员方带来的大多是不利影响。

1.恶化了非成员方的国际贸易环境

区域经济一体化组织对内取消关税、对外实行统一的贸易政策,会牺牲组织外国家(地区)的贸易利益,随着一体化的扩大和发展,区域内贸易的内向性加强,统一的技术、环境标准对来自区外的商品形成了无形的贸易壁垒,对区外商品的需求相对减弱。

2.改变了国际直接投资的流向

由于区域经济一体化组织对外实行歧视性的贸易政策,使跨国公司改变了其投资方向。跨国公司为了绕开进口国的关税和非关税壁垒,不

---

①付博文."一带一路"倡议推动区域经济一体化[J].国际公关,2020(09):295-296.

再向进口国出口产品,而是到进口国投资建厂,进行国际直接投资。这样,原本流入区域经济一体化外部的直接投资流入成员方,改变了国际直接投资的方向。

四、区域经济一体化发展

(一)发展历程

1.区域经济一体化萌芽与初创时期

第二次世界大战后到20世纪60年代初期是区域经济一体化的萌芽时期。第二次世界大战后,世界经济政治领域发生了一系列重大变化,发展中国家取得独立,社会主义国家崛起,世界各国出于政治和经济的考虑,采取各种措施保护国内的经济与贸易,区域经济一体化组织应运而生。1949年1月,苏联成立了经济互助委员会;1951年4月,欧洲煤钢共同体成立;1958年1月,欧洲经济共同体、欧洲原子能共同体成立;1960年5月,欧洲自由贸易联盟正式成立;1961年,美洲成立了拉丁美洲自由贸易联盟与中美洲共同市场。

2.区域经济一体化迅速发展时期

20世纪60年代中期至70年代中期是区域经济一体化迅速发展的时期。经历了第二次世界大战后的经济恢复,各国的经济普遍得到快速地发展,一批新兴的工业化国家相继出现,发展中国家采取各种手段加快国内经济的发展。世界经济和贸易的发展,促进了区域经济一体化的大发展,如:1967年成立东南亚国家联盟;1969年组建安第斯条约组织;1973年英国与丹麦加入欧共体,增强了欧共体的实力;1975年西非共同体的建立等。

3.区域经济一体化停滞时期

20世纪70年代中期至80年代,由于资本主义世界的危机,西方国家经济发展衰退,处于滞胀状态,区域经济一体化发展缓慢,进入低潮时期。在这一时期,欧洲经济共同体原定的一体化进程并没有完全实现,发展中国家的经济一体化也大多遭受挫折,一些一体化组织名存实亡,甚至解体。

4.区域经济一体化加速发展时期

20世纪80年代中期以来,区域经济一体化进入高涨时期。区域经济一体化在世界范围内不断扩大。欧共体等组织不断吸收更多的成员国，一体化的范围更加广阔，程度不断加深。1989年成立美加自由贸易区，1989年成立亚太经合组织，1994年成立北美自由贸易区，发达国家（地区）与发展中国家（地区）区域一体化实现。

（二）区域经济一体化迅速发展的原因

1.维护民族经济利益、政治利益，加快经济发展

维护民族经济利益、政治利益，加快经济发展，是区域经济一体化的内在动因。第二次世界大战以后，世界政治经济呈现出多元化特征。发达国家要维持或谋求其在世界经济和政治舞台上的主导地位，而发展中国家在经济发展中面临重重困难，要谋求经济上的发展和政治上的独立。但是任何国家仅靠自身的力量是无法实现其战略目标的，于是，为了共同的经济和政治利益，一些地理位置相近的国家就会结成一体化组织，来维护它们的经济及政治利益。

2.科学技术的进步，社会生产力的发展

科学技术的进步以及社会生产力的发展是区域经济一体化的客观基础。第二次世界大战以后，以原子能、电子计算机和空间技术的发展和应用为标志的第三次产业革命的出现，极大促进了社会生产力的发展。在战后新技术条件下，各国之间的分工和依赖日益加深，生产社会化、国际化程度不断提高；同时，在贸易和金融领域的相互渗透、相互依存，经济发展日益国际化，这就必然要求消除阻碍经济国际化发展的市场和体制的障碍。因此，社会生产力的发展不仅为发达国家，也为发展中国家的经济一体化奠定了客观的物质基础。

3.解决国际收支的困难

第二次世界大战后，美国确立了霸主地位，欧洲许多国家出现了"美元荒"和国际收支赤字问题。为此经济学家提出建立关税同盟，以共同的关税对付美国，进而解决各国国际收支逆差的问题，这是欧洲共同体成立的原因之一。发展中国家面对发达国家工业品的强大的竞争力和初级产品出口困难等问题，也经常陷入国际收支逆差，这也迫使发展中国家通过一体化来解决这些问题。

4.世贸组织多边贸易体制的局限性

世贸组织多边贸易体制的局限性以及近年来多边贸易谈判所遭遇的

挫折和困难,刺激了区域经济一体化的发展。虽然世贸组织是推动贸易自由化和经济全球化的主要力量,但由于自身庞大,运作程序复杂,根据世贸组织"一揽子接受"方式,其成员对各项议题的谈判只有在一致同意的基础上才能进行,从而注定了短时间内所有成员达成共识和消除矛盾并非易事。多边贸易谈判前景的不可预测性,为双边和区域性贸易协议提供了发展空间与机遇,也为成员参与全球竞争增加了一种选择。而且,区域经济一体化组织因其成员大多地理位置相邻、社会政治制度相似、生产力发展水平相近、有类似的文化历史背景,具有开展经济合作的诸多优势。

第七章 中国特色区域经济新发展

第一节 我国区域经济曾经出现的发展模式

区域经济发展模式是经过长期实践形成的较为固定的区域经济发展的定式,是区域经济发展的实践经验在理论上的升华。它首先是一个空间概念,是指对特定区域在一定历史条件下的经济发展特征、经济发展过程及其内在机理的高度概括;其次是一个历史的概念,它将随着一个国家或者地区经济发展时期、区域发展战略、区域经济政策的变化而变化。改革开放以来,我国经济发展的区域性特征越来越显著,珠江三角洲、长江三角洲、环渤海等地区成为我国经济发展最快、最活跃的地区。各个地区发挥自己的特点和优势,充分利于各种有利因素,积极探索,勇于实践,形成了具有中国特色的区域经济发展模式。

一、东莞模式

东莞模式是我国区域经济最具有外向型特色的"外源性"模式,它是指在广东省的东莞地区,由东莞提供土地(已建成的标准厂房)、中国内地提供劳动力,外商提供资金、技术、设备和管理,国外提供原材料进口和产品销售市场的区域经济发展模式。该模式的基本特征是依靠港澳台等外源性资本来发展"两头在外"的出口加工贸易工业,最突出的特点是外向性——以外资带动外贸。

改革开放以来,东莞借助毗邻香港、澳门地区的地理优势,把握住改革开放的良好机遇,走外资企业加工再出口的发展路径,在实施外向带动战略的过程中,成功地承接了香港、深圳等地的产业转移,大力发展产业集群,加快城乡一体化进程,实现了从一个传统农业县向国内工业制造重镇的转变。然而,由于该模式过分依赖外资、外贸,这样不但难以带来先进的技术和产业升级,而且受国外市场波动的冲击很大。2008年金融危机以后，东莞以加工贸易转型升级为重点，以自主创新为动力，推进产业结构调整和产品转型升级，提升城市管理水平，提高市民素质，探索出一条"经济社会双转型"的新路子。

当前，受国外市场需求萎靡、国内金融政策紧缩、企业生产成本上升、人民币升值等因素影响，珠江三角洲的中小企业正在陷入新一轮的困境，"东莞模式"能否通过转型升级提升国际竞争力，从而挺过"制造业寒流"，正引起人们的广泛关注。

二、温州模式

温州模式是我国区域经济最具有民营化特色的"内源性"模式，它是指在浙江省东南部的温州地区，以家庭工业和专业化市场为主要方式发展非农产业，从而形成小商品（生产规模、技术含量和运输成本都较低的商品）、大市场（在全国建立的市场网络）的市场主导型和民营资本推动型的区域经济发展模式。该模式的基本特征是依靠本土企业面向国内外市场开展一般贸易和投资，最突出特点是"小政府、大市场"——经济形式家庭化、经营方式专业化、专业生产系列化、生产要素市场化、服务环节社会化，政府在其中扮演着"无为而治"的角色。

20世纪90年代中期以后，温州模式进入制度、技术、市场和产品的全面创新阶段，创造了农村区域经济发展的神话，曾一度被认为是我国最具活力的区域经济发展模式。21世纪以来，在进一步扩大对外开放的大背景下，温州提出了"以民引外，民外合璧"战略，温州模式呈现出资本流动跨区域化、家族企业现代化、企业发展国际化、经济发展自律化等四大新特点，促进了温州市经济的飞速发展。然而，由于该模式是建立在家长制基础上的家庭工业发展形式，走的是民间资本自主推动的内生性发展路径，缺乏必要的监管和引导，容易导致决策独断专制、假冒伪劣横行、企业融资和产业升级困难。2008年国际金融危机过后，融资难、用工荒、出口市场不稳定、劳动力成本上涨等严峻形势正考验着"温州模式"能否持续和创新。

三、泉州模式

泉州模式是我国区域经济介于"外源性"和"内源性"之间的"中间性"模式。泉州模式是在晋江模式的基础上扩展形成的，它是指在福建省的泉州地区,以外向型经济和股份合作制为主要形式,以侨资侨力为依托、国内外市场为导向、区域化专业化生产为构架、"小工厂大产值、小商品大市场、小洋货大创汇"为经营特色的区域经济发展模式。改革开放初期,泉州人因为成功地闯出一条以市场调节为主、外向型经济和股份合作经济等多种经济成分共同发展的具有侨乡特色的农村经济发展模式而名扬海内外。

20世纪90年代中后期,泉州通过发展产业集群来推动企业朝规模化、集约化方向发展,形成区域化的"块状经济"格局,打造了"中国鞋都"(晋江)、"休闲服装名城"(石狮)、"建材之乡"(南安)、"石雕之乡"(惠安)、"芦柑之乡"(永春)、"乌龙茶之乡"(安溪)、"工艺陶瓷之乡(德化)"等众多国家级区域品牌,给泉州模式注入了新的内涵和生机。随着市场经济的深入发展,泉州模式在实践中逐渐成熟,形成了"发达的集群经济、特色的县域经济、活力的品牌经济、发展的创新经济和新型的文化经济"等新特点。由于泉州模式走的是依靠内资并引进侨资、侨汇来实现外资企业和本土企业互相融合的发展路径,因此,在国际金融危机导致外部需求大幅下降时,能够借助庞大的内需市场,较快地推动产业升级,有效抵御金融危机对经济的冲击[1]。

四、苏南模式

苏南模式是由我国地方政府主导和公有资本推动相结合的区域经济发展模式,它是指在江苏省的苏州、无锡和常州等地区,由地方政府主导微观经济主体发展,依靠欧美和新加坡等外源性资本,实现乡镇企业、集体经济非农化发展的区域经济发展模式。

该模式的主要特点有两个,一是通过发展集体所有制的乡镇企业,走先工业化再市场化的发展路径,集体经济在国民经济中占主导地位;二是乡镇政府主导乡镇企业的发展,地方政府超强干预经济运行。20世纪70年代以后,苏南地区凭借临近上海、苏州等地的区位优势和水、陆、海交通十分便利的条件,大力发展乡镇企业,使农村大量劳动力从土地的束缚中解放出来,创造了农村集体经济实现"离土不离乡、进厂不进城"快速发展的奇迹。然而,苏南模式在形成和发展过程中,政府扮演着生

---

①曾勇惠. 构建区域协调发展新机制[N]. 中国社会科学报,2019-12-27(005).

产者和投资者的角色,对经济实行超强干预,容易导致严重的平均主义和官员腐败。进入20世纪90年代中后期,苏南地区借助浦东大开发和国际产业转移的机会,通过产权体制改革,以国家级开发区为依托,走外向型经济的发展路子,为苏南模式注入了新的活力。

虽然苏南模式也是以外资企业加工再出口为主的"外源性"模式,但与东莞模式相比,它投资环境优越,引进的外资技术含量高,能够及时推进外部导向型产业的结构调整和升级,有效缓解金融危机对企业的影响。

五、铁西模式

铁西模式是由我国地方政府主导的自上而下的国有企业改造振兴的区域经济发展模式,它是指自我国实施振兴东北老工业基地战略以来,辽宁省沈阳市铁西区通过东搬西建、合署办公、战略重组等改革方式,不断创新政府管理体制,推动国有企业转变发展方式,走出一条老工业基地振兴发展道路的区域经济发展模式。2002年6月,沈阳市铁西区与沈阳经济技术开发区合署办公;2003年8月,沈阳市洪区的两个乡镇划归铁西区管理;2007年6月,沈阳市将细河经济区与铁西区合并重组。通过搬迁扩容和改造重组,铁西区基本完成了老工业基地改造任务,被国家发改委、国务院振兴东北办命名为"老工业基地调整改造暨装备制造业发展示范区"。

铁西模式坚持"搬迁、并轨、改造、升级、就业"十字方针,跳出技术改造的局限,把企业搬迁与技术改造、完善社会保障体系、促进职工再就业有机结合起来,对企业实施系统性改造;按照"人员随资产走、资产随产品走、产品随市场走"的原则,跳出单个企业改造的局限,对全区工业资源实施整体性改造和最优化配置重组,大力发展产业集群;跳出经济领域的局限,搭建了公共制造、现代物流、金融服务、技术研发、人才培养等五大平台,为国有经济改造发展创新社会服务体系,成为我国首个老工业基地调整改造和装备制造业发展的"双示范区"。

2009年12月,国家发改委正式批复了《沈阳铁西装备制造业聚集区产业发展规划》,为铁西区建设成为具有国际竞争力的先进装备制造业基地拓展了广阔的空间,人们期待着"铁西模式"能够再创辉煌。

第二节 我国区域经济发展呈现的新亮点

在我国区域发展总体战略的部署下,各省(市、区)充分发挥自身的积极性、主动性和创造性,因地制宜,从实际出发,提出了本区域的发展战略,制定了本区域的发展规划,我国区域经济发展进入了一个百花齐放的新阶段。

区域经济的发展是可持续发展的重要基础。为了让区域经济能够得到持续发展,应当汇聚政府、企业与公众等各方力量,推动区域经济的不断发展。当前,中国区域经济已经出现了许多亮点,对于推动我国经济的发展具有十分重要的作用。

一、我国区域经济发展出现的新变化

(一)区域经济政策的出台与运用更趋科学化

区域发展总体战略是目前我国区域经济政策中的重要内容。坚持将深化西部大开发战略摆在区域发展总体战略中的优先位置来抓,并给予其以特殊政策上的支持,全面振兴东北老工业基地,积极推进中部地区的崛起,大力支持东部沿海地区率先发展。特别强调的是,党中央、国务院十分注重于科学化、规范化地运用区域政策,这在近年来出台的区域经济政策中得到了充分体现。

(二)区域经济合作不断强化

鉴于我国经济改革的持续深化,区域经济的发展对于我国经济发展的积极效应将变得愈来愈大,由此也将产生一个覆盖面更广的区域经济竞争局面。

近年来,我国区域经济合作的主要特点是规模较大、范围较广,并且在不同的体制框架之下进行区域组合,不管其自身是不是拥有比较高的经济地位,也不管其是不是会被纳入国家的发展规划之中,都将对地区经济之发展产生极大的正面影响与促进作用,并为我国经济的快速发展做出了自己的贡献。我国的区域经济合作已形成了相当大的规模,而且这些经济区在我国的地位极为突出,其建立起来的共生共赢型经济体系已经成为我国经济发展之中的快速增长极,区域经济在我国经济发展中所具有的作用必然会愈来愈重要,其作用也会变得越来越大①。

(三)经济重心从沿海向内陆转移

如今,我国经济发展重心正在从沿海地区逐步向内陆地区转移,这也是中国区域经济发展的一大亮点。鉴于中国改革开放的不断深化,我国开放的战略重心也从沿海慢慢地向沿江、沿边以及内陆城市进行延伸。目前,在我国区域经济的发展过程中,已经打造出经济重心转移的三大桥头堡。通过三大桥头堡,能够充分发挥出交通与节点之优势,从而实现了产业之间的互补,推动了国际与国内市场的发展,促进了亚洲区域的共同发展。

二、我国区域发展出现的新特征

党的十八大以来,中国的发展观逐步深化,区域发展战略和区域政策体系不断完善,区域发展出现了新特征,集中表现为区域发展协调性增强和区域开放格局升级。

(一)区域发展协调性增强

中国区域发展不平衡的问题长期存在。但随着国家加大对中西部地区的政策扶持力度,近年来中西地区经济增速提升,东部降速提质,使得中国区域发展的协调性有所增强。但东北地区的经济下降却十分明显,值得关注。

不论是在增速、经济总量占比还是基本公共服务方面,中国各区域板块之间的总体差距都有所减小,区域协调性有所增强。另外,中国区域协调性的增强,还体现在各区域自身的比较优势得到发挥与释放,经济发展与自然环境、社会发展相适应。这方面得到的关注要少一些。但是,由于区域发展阶段不同,中国区域发展差距不论是在经济发展层面,还是在社会发展方面仍会绝对性地存在,而且更多地体现在发展的水平与质量差距上。另外,随着中国城市群的发展,城市群由于集聚经济效应的发挥,其与区域内其他地区的发展差距、城市群内部存在的差距以及省际差距拉大都是值得关注的问题。这也是未来中国区域协调发展

---

①蔡之兵.高质量发展的区域经济布局的形成路径:基于区域优势互补的视角[J].改革,2020(08):132-146.

需要重视的问题。

（二）区域全面对外开放格局逐步形成

对外开放是推动中国经济发展的重要力量，同样也是区域经济发展、塑造区域经济格局的重要力量。中国改革开放后实施的非均衡区域发展战略就是从东部沿海地区开始。"十二五"规划中更是明确提出完善区域开放格局的措施，要求把坚持扩大开放与区域协调发展相结合，协同推进沿海、内陆、沿边开放，把均衡协调作为区域开放的重要目标。"十三五"时期则以区域发展总体战略为基础、"一带一路"建设为引领，全面推进双向开放，支持沿海地区全面参与全球经济合作和竞争，同时以内陆中心城市和城市群为依托，建设内陆开放战略支撑带，推动区域协调发展。"一带一路"倡议的推出，中西部地区原有向海洋开放的比较劣势转变成了临近丝绸之路经济带沿线国家的比较优势；同时，相比于东部地区，中西部地区在劳动力、土地方面仍有一定的成本空间。

如果说中国的对外开放最初是以货物出口换资本、换技术的形式打开国门，那么随着中国的对外开放水平的提高，资本已经不是中国最为欠缺的要素，而是核心技术。当前中国除了引进外资，资本开始"走出去"向海外投资，将中国的成熟技术、管理经验出口到国外，尤其是在近几年表现亮眼。当然，中国不同区域对外开放不平衡的格局仍未改变：东部走在对外开放的前沿，由追求贸易顺差逐步向追求贸易平衡、资本输出过渡；而中西部地区也在加快开放的步伐。

（三）城市群呈现新特点并引领区域经济发展

经济活动在空间上有集聚的倾向，如美国GDP中有50%集聚于东海岸、西海岸和南部的少数城市；日本GDP主要集聚于三大都市圈；巴西总面积15%的中南部三个州占据其全国总产值的50%以上。可以说，经济发展在空间上是不平衡的。中国也不例外。除了因自然地理因素（如高山、河流）对空间的天然分割形成的人口经济活动聚集区外（这种先天的地理因素一直发挥着作用），由于开放经济发展，中国东部地区存在着天然对外开放的优势，而长三角、珠三角和京津冀也逐步成了东部地区引领区域经济发展的重要城市群。

但由于中国人口众多，东部地区承载力有限，因此中西部地区近年来也围绕着一些重要的城市节点正在形成或规划一些区域性的城市群。如围绕着武汉、长沙、郑州、西安、西部地区的成都、重庆正在形成的城市群。由此,中国逐步形成了不同等级、各有特色的城市群,并且出现了城市群引领区域经济发展的新局面。

以城市群为单位引领区域创新。新一轮科技革命和产业变革正在孕育兴起,中国想要改变"跟跑"的局面、提高经济发展质量,就需要加大科技创新投入,掌握更多原创性核心科技。受中国科技创新资源(包括科技创新人才、科研院所、创新资本等)分布不均衡的影响,中国未来必将加大区域创新中心建设,必然以创新中心所在城市群为单位,推进区域经济整体发展。以高等教育院校、科研院所分布为例,北京、上海、武汉、西安、天津、合肥、深圳等城市占有的科技创新资源占据绝对优势。其中,北京作为首都,科技智力资源丰富,全国科技创新中心是中央赋予北京的新定位。新的发展阶段,中国将进一步有效地整合、利用好科技创新中心的资源,辐射带动区域经济发展,形成区域经济协调发展的重要助力。

目前,各板块基本都有自己比较重要的城市群,如东部地区有京津冀、长三角和珠三角三个国家级城市群;而中部地区围绕武汉、郑州、长沙形成的武汉城市群、中原城市群和长株潭城市群;西部地区的成渝城市群;东北地区的辽中南、哈长城市群。另外,京津冀协同发展战略对于探索大城市病、优化城市群发展具有重要意义,而长江经济带战略的提出,通过串联几大板块地区,是实现沿长江区域联动发展的重要契机。

三、新时期我国区域经济发展的新形式

如今,经济全球化的趋势越来越迅速,在这种大环境下,工业化以及信息化所具备的发展模式在社会的发展中起到了催化的作用。尤其是最近几年应用最为广泛的信息技术,对经济空间的具体布局产生了影响,也会对区域经济内的利益布局带来影响。

在新的发展背景下,传统的规则与政策制度也暴露出了很多的不足。在规则变革的过程中,如何处理好产业吸引以及区域价值之间的关系,无疑成为了地方政府需要面临的抉择。各地区应正视本地区产业文化特质及其实时的演化态势,以此为基础,因地制宜地加快产业建设发展。

工业革命、市场经济和经济全球化，三者是决定了人类的命运和世界格局的历史抉择。时至今日，历史的车轮辗转到了工业化与全球化的新时期，我国的区域经济发展同样面临着前所未有的新形势。如何把握这些新的动态与情况，对于各地区在"十三五"期间实现可持续的发展目标有着重要的现实意义。

（一）区域经济开放格局的深刻变化

中国整个经济的发展由于受到这种大环境的影响，经济的发展会从多方面发生转变。其中随着世界工业化向南亚、非洲以及拉美等地区推进，我国顺应并且有力地推进着世界工业化的这一发展趋势。以实现"一带一路"建设为目标，以具备深厚、强大的基础建设能力为基础，深化了全球范围内的互联互通。

在我国政府的不懈努力下，世界范围以及我国各地区之间的比较利益关系也发生了巨大的变化。首先便是地理空间上"远近"的变化，其次还有通信以及交通运输等成本的"高低"之分。例如，我国的经济发展自沿海向内陆的梯度关系将发生深刻的改变，经济发展受制于空间距离的约束也将越来越小。对此我们可以理解为，在新时代的发展背景下，空间距离上的"远"未必会造成经济成本的"贵"。由于长距离交易的便利化，为供求连接以及远程合作提供了进一步的支持。在此背景下，也可能形成国内经济以及国际经济网络中的新纽带与交汇点。甚至在一些经济的腹地区域也能够实现"买全球，卖全球"的经济战略构想。可以说，随着经济全球化新格局的确立，不论在我国哪一个地区，都能够实现与其他地区乃至全球的经济互通合作。

经济全球化新时代我国区域经济开放格局另一个显著的变化便在于现代信息技术以及互联网科技的长足发展，为产业业态以及地区环境的建设产生了至关重要的影响。不同地区之间的发展不仅可以建立在原有的人力以及资源优势基础上，还能通过信息科技的应用，将信息资源以及信息技术锤炼为新的发展优势。在现代信息技术高速发展的社会环境下，物质、能量以及信息这三个产业发展的根基要素，其自身的作用也在发生着微妙的变化。其中，空间因素对于信息流动所造成的影响越发减少，而信息本身对于产业发展的重要性也日益凸显。同时现代信息技术以及互联网的广泛应用，使得区域之间的互通性与"平坦型"越发显著。交通高速化、产业智能化以及市场网络化将最大限度地拓展各地区之间的战略选择空间,这在一定程度上也有助于人类"想象力的具体化"。

有学者论证,经济发展的实质在于将人们实现梦想的能力不断增强,而这里所指的创造力,实际上也就是我们将想象产物转化为实体的能力。当下人类所生产的一切产品本质上也是实现信息具体化的载体。创造力让我们的大脑区域创想,而后将这种"想法"进行具体化。也正是这种创造力的存在,使得我们人类能够有别于其他的物种。总之,全球化的新时代已经悄然来临,随着工业化信息化的不断深入发展,经济全球化的基础设施条件也在不断地趋于完整,这对于经济空间的区域格局也必将产生深远的影响。

(二)区域经济利益格局的演变

区域经济在开放格局中呈现出来的巨大变化是区域经济利益格局进行转变的产物。其最为显著的表现在于经济全球化的新时期,市场竞争主体以及国家区域之间的利益关系发生了显著的改变。不同经济体之间的利益边界从传统的棱角分明,逐步演变为日趋复杂的利益交织。

当这种共同的利益关系越发普遍之后,不同地区以及国家之间的利益疆域也会变得犬牙交错。本地区的利益边界不再局限于本地区,反而向其他地区乃至全国全世界延伸,这种利益交织的格局也是今后经济形态的重要方向。例如,某一国家引入了其中一个经济主体来为其投资,那么这个经济主体就会掌握所投资国家有关企业的股票以及债券;或是在投资的国家中在证券(产权)市场中进行交易活动,也可能形成跨区域或者跨国的产业链。由此可见,这个经济主体(其他的区域和国家)就会对所投资国家与地区的国民利益形成干扰。同样的,其余地区(国家)中存在的国民利益也会受到本地区(本国)的干扰,特别是当跨国企业作为经济主体时,如何对其身份进行确定需要一个极为复杂的系统来实现。参照属类认定的定义不同,例如:参照企业的注册地、企业的股权归属等;以此参考为如何区分本国(本地)企业、外国(外地)企业提供了相应的依据。现如今,在全球化的经济网络中,在生产分工方面呈现出极为细密的态势。在这种态势下针对各类产品在复杂的"迂回"生产的环节中进行监测,可以发现,每一种产品的生产都极具复杂性,而且在生产过程中有很多的国家和企业进行参与。受世界范围内的价值分工体系的影响,以往的国家制造已经上升到了世界制造,世界范围内的产业链已经将不存在国界性质的生产体系作为中坚力量,以此来进行组织与引导。也可以说,在这样的大环境下,全球范围内的各区域与国家要深化开放的程度,互相之间进行合作与竞争,这样才能够保证其更好地发展。这也就代表了,"可贸易产品"和"不可贸易产品"在区域(国际)中的分类界限开始越来越模糊,由此使得"不可贸易产品"(基础设施建设)转变为可贸易化的现象,使得不可贸易产品在地区以及国际这两个层面都形成了竞争的布局。鉴于国际与地区利益关系所发生的变化是巨大的,难免会出现许多新状况、新现象,针对产业竞争和合作所采取的行为与方式也会出现巨大的变化,那么一定会导致贸易的规则及政策、竞争的规则出现"失灵"的情况,面对新情况就要采取新的制度、规则以及政策来进行应对。

(三)国际竞争规则和区域政策的变革

自从人类进入了工业革命开始,在此后的两三百年时间里,社会经济的增长速度是非常快的,这一时期也是人类历史上经济增长最快的阶段。然而,经济极速增长背后靠的是工业化,其逻辑为:在生产的过程中引入科学技术,以持续性地扩张市场规模以及构建"大众消费"为途径,来实现财务的创造与积累。因此,工业化最基本的特点就是国际间的贸易以及工业生产力这两方面的增长是彼此促进的,这就使得经济全球化必然会转变为世界工化。在经济理论体系中,每一个参与国家的对比利益可以在自由贸易中实现,可以遵循"帕累托改进"进行发展,也可以理解为各国家与地区既能够自身获利,也能不对其余国家与地区的利益进行侵害,朝着全球最大福利化的趋势发展。然而,上述理想的现象是不存在的。自由贸易需要在相应的规则下来发挥作用,不可能呈现出"自由放任"的状态,是不存在"中立"性质的绝对利益规则的。

各个国家内部的利益集团会受到贸易(竞争)规则的影响,相关的利益集团分到的利益有可能会出现差异化,即便在"帕累托改进"的条件制约下,相关利益集团都有利益可以获得或者人员没有受损失,但是总会出现一方利益集团获利更多,另一方利益集团获利较少,这就使得他们出现了被剥夺感以及受损感,即使在现实中没有直接受损,对于间接受损的评估认定也是极为困难的）。所以，国内的经济政策、国内的利益平衡、国家间受相关贸易规则影响的利益平衡三者之间存在极为复杂的联系，一个国家获利并不代表着其中大部分人都获利。因此，在全球经济化的大背景下，都在朝着全球工业化进行发展。这也使得每种因素与商品频繁、高速地在全球范围的国家与地区内进行流动，也就造成了在竞争环节中具有极为复杂关系的"利益纠缠"。

除此之外，面对现代化信息技术应用的越来越广泛，尤其是互联网的应用，可以说人类的生活已经彻底被网络所改变了，人类之间的关系因为互联网变得更为密切，人类之间的竞争因为互联网而变得更为公平。在互联网发达的今天，人类已经将"网络"改变得具备深度与广度的特点，并且网络自身强大于一切的独裁者。经济关系会受到互联网的影响，逐步地模糊"等级""中心"等概念，会逐步凸显出分布式的平等化现象。也可以理解为在互联网的影响下，市场经济中平等竞争的实质将会得到极大地改善。此外，受贸易与竞争两者日益复杂的关系的影响，会导致平衡各种利益的难度加大，提升社会风险。以往的具备有效性和合理性的政策与规则，会因为形势的转变而不再适合当下。所以，在世界范围一体化的背景下，针对贸易以及竞争两方面规则的改造是极为必要的。

当世界工业化进入到全球化的新时期，各地区的对外开放格局也发生了极为深刻的变化。在此背景下，地方政府应在加强本地区产业发展与提升区域价值的基础上进行政策的抉择，从而为区域的经济发展注入新的活力。

四、区域协调发展中出现的新问题

中国区域发展进入以城市群为支撑的时代，区域发展的协调性不断增强，但出现了一些新的问题，也值得重视。

（一）各区域存在不同程度的"去工业化"

工业化是经济现代化的过程，而现代工业的发展和升级是工业化的核心内容。中国的经济发展，工业占很大比重，而工业化发展很大一部分是制造业发展。自中国 2001 年加入 WTO 之后，开放脚步加快。东北地区依托新中国成立后的工业基础，东部地区依托沿海区位优势，纷纷率先发展。虽然中国的经济增长在 2009 年因国际金融危机出现过短暂地下降,但之后除东部地区延续2006年以来的下降趋势外,中部地区、西部地区和东北地区都在2011年达到峰值后才下降。这种下降有其合理性。因为一是受工业发展成本(主要包括劳动力、土地、资源环境代价)上升影响;二是中国主体功能分区,为优化国土空间发展格局、提高区域经济发展质量而进行的主动下调;三是这种各区域同时期下降一定程度上受经济结构调整优化、去工业化加大服务业比重的观点影响,各地方主动加大"去工业化"的力度。

2011年,《全国主体功能分区》提出后,中国调整经济发展,更加重视区域经济发展质量。东部地区经济降速相对而言更像是一种自然和外因共同作用的结果,而中部地区、西部地区和东北地区则是在2011年后集体出现工业增加值占比下降。

中国的经济现代化远未实现,尤其是在区域发展不平衡的背景下,各区域经济发展存在阶段性差距,生产效率和工业技术也与发达国家相去甚远。可以说,中国工业化的任务、中国各区域工业化的任务并未真正完成。中国是工业大国,但尚不是工业强国,与日本、德国等国家在工业领域的差距明显。在新的发展阶段,需要正确认识工业化,提高工业发展质量,加大对核心技术的投入,以充分发挥先进制造业对区域经济增长的支撑作用。

(二)区域创新网络尚未形成

经济活动有集聚的倾向,而创新更甚。国际创新中心主要分布在欧美国家,如美国的东西海岸、日本的东京都市圈、英国的伦敦都市圈以及以色列等国家和地区。从国际上一些发展较好的国家或地区的经验来看,也正好验证了以知识、人才、资本在内的要素,通过市场机制或政府作用下集聚,并形成某种产业集聚,实现科技创新活动与企业之间的联动发展。从中国的创新资源分布来看(以高校、科研院所为主),其主要分布于东部地区的京津冀、长三角、粤港澳大湾区,中部的长江中游城市群、关中城市群以及西部地区的成渝城市群。创新资源分布不均衡,且主要集中于少数城市,如北京、上海、深圳、武汉、西安等地。

中国经济发展进入高质量发展时代,更加重视科技创新对经济发展的推动作用。但从目前国内的情况来看,创新资源普遍互动不足。一些国家级科技创新项目,可以通过项目形式实现短暂的创新资源集聚,但普遍缺乏常态化的创新资源互动,进而形成有效的创新网络。一些高科技产业园缺少与高校科研院所合作的有效渠道。与此同时,也出现了一些先进示范。例如,北京率先提出"三城一区",统筹本市创新资源、鼓励科研院所与企业良性互动、促进科研成果市场化;长三角地区创新资源也出现良性互动的苗头;粤港澳大湾区为广东吸引港澳创新资源、延展创新网络提供了重大机遇。这都是我国创新资源互动的新进展,但需要引起高层重视、打破创新合作的壁垒,以鼓励区域创新网络发展,为高质量发展提供可持续助力。

(三)区域合作机制创新不足

中国区域发展协调性逐步增强,但区域发展及跨区域合作中面临的体制机制障碍仍是一个难题。包括跨区域生态环境治理中的生态补偿机制、跨区域产业转移合作中的利益共享机制、跨区域政策沟通中面临的行政等级不对等等。机制创新不足,会严重影响市场机制作用的发展,从而阻碍要素自由流动。2018年11月29日,《中共中央 国务院关于建立更加有效的区域协调发展新机制的意见》提出,要建立区域战略统筹机制、健全市场一体发展机制、深化区域合作机制、优化区域互助机制、健全区际利益补偿机制、完善基本公共服务均等化机制、创新区域政策调控机制、健全区域发展保障机制。这是对当前中国区域协调发展机制创新的重要指导与先见之策。因此,需要重视对区域协调机制实践的探索、总结和理论升华,从而形成符合中国国情的、全面的区域协调机制体系。

五、区域发展的新思路

随着中国对发展的认识不断深化,区域发展战略与发展政策也在此过程中不断完善,逐步形成了中国特色的区域发展战略和政策体系。面对新时代国内国际形势的变化,区域发展已经出现了新的格局,而新格局需要有新的区域发展思路,以谋篇布局实现高质量发展。

(一)创新引领区域发展

科技是第一生产力。中国经济发展进入新的发展阶段,需要发挥科技创新对经济发展的推动作用,才能提高经济发展质量。中国想要改变"跟跑"的局面、提高经济发展质量,就需要加大科技创新投入,掌握更多原创性核心科技。受科技创新资源(包括科技创新人才、科研院所、创新资本等)分布不均衡的因素影响,中国未来将加大区域创新中心建设,必然以创新中心所在城市群为单位,推进区域经济整体发展。新的发展阶段,中国需要进一步有效地整合、利用好科技创新中心的资源,辐射带到区域经济发展,以创新引领区域发展,使科技成为区域经济协调发展的重要动力。

(二)区域发展要与改革开放紧密结合

对外开放是区域经济格局的重要塑造力量。面对当前国际环境大背景的一系列变革,在全面开放并逐步向全方位开放过渡的背景下,思考区域协调发展,必须要有开放思维。随着中国国力的提升,开放经济环境下的"贸易摩擦、技术封锁"问题愈发频繁。充分发挥区域经济发展的比较优势,提升区域经济发展的竞争力,能够使中国在开放经济中具有一定抵御外部冲击的能力。

(三)区域发展与中国现代化进程有机结合

工业化是现代化的过程。对工业化的理解不能片面地认为以服务业替代工业。服务业本身,尤其是生产性服务业,是在产业分工过程中从传统的工业领域细化出来,并为服务于工业发展的需要而存在;而工业的发展,也为包括科技创新活动在内的服务业提供试验基础,是一种良性互动的关系。工业化是一个螺旋上升的过程,不能简单地用工业占比来衡量,还要看工业发展的质量。而中国区域发展梯度,也为国内版的"雁阵"模式产业转移带来了可能性。正确认识工业化的内涵,提升中国工业化的深度,一方面应顺应制造业产业转移的趋势;另一方面,在充分发挥区域比较优势的基础上,要坚持发展制造业。

东部地区作为优化开发区,具有创新资本(包括科研院所、高端人才)集聚的优势,可以形成创新经济集聚区。中西部地区在以东部为主的产业分工格局中,应积极参与全球产业分工,借助"一带一路"倡议加强与中亚、西亚、中东欧国家的经贸往来。中部地区相比东部地区有大量中低端劳动力,土地价格较低,距离东部港口城市较近;同时可发挥其次区域创新中心的作用,与东部地区创新联动。而西部地区除了中部地区的劳动力和土地资源比较优势外,还具有毗邻东南亚、中西和西亚等

"一带一路"沿线国家,发展边境经济贸易优势明显⑤。随着中国高速铁路和公路网络的普及,全国的流通成本将会大大降低,这为中国包括制造业在内的工业发展、创新要素流动创造了重要条件。

(四)探索区域协调发展新机制

区域政策的制定,以对区域发展现状的认识为基础,并且主要针对问题区域。中国区域发展进入新阶段,各区域发展面临的问题差异极大,在这样的背景下,需要将区域政策集中于落后地区、问题地区,以发挥"雪中送炭"而非"锦上添花"的作用。党的十九大报告除了对传统的四大板块的总体战略进行表述外,还指出要加大力度支持革命老区、民族地区、边疆地区、贫困地区加快发展,京津冀协同发展战略和长江经济带战略同样被赋予不同的使命。为此,笔者认为建立更加有效的区域协调发展新机制,未来一段时间可能集中着力于以下几点。

第一,探索对落后地区发展援助机制。革命老区、民族地区、边疆地区、贫困地区是在中国传统的四大板块区域中的特殊问题区域。援助机制的建立,应重在发展能力的发掘而非纯粹的物质援助,"授人以渔而非授人以鱼"。包括,设立区域发展援助基金、重大项目倾斜、对口帮扶以及引导企业和社会力量投入。这就需要充分研究各种问题区域的特殊性以及各自潜在的新的比较优势。例如,一些贫困地区和民族地区往往是旅游资源丰富的地区、自然环境优美,通过加大其对外交通通达能力的建设、旅游形象宣传和对旅游资源管理能力的提升,将发挥四两拨千斤的作用。而对于缺少自身发展能力的地区,人、财、物的支持仍是不可或缺。

第二,探索利益共享机制。"共享"是经济发展的重要内容,也是区域联动的核心议题。京津冀协同发展战略和长江经济带战略的提出,对于探索跨省和区际的利益分享机制带来了政策优势。这种利益分享集中体现在因产业转移带来的税收分成问题和生态环境保护补偿问题,而两大国家战略为其改革探索创造了条件。如北京医药产业向河北沧州地区转移,通过"共建共管共享"的形式解决医药产业北京身份和属地管理的冲突问题,并实现合作共赢。而长江经济带串联东、中、西以及几大生态功能分区,如何有效地解决发展与保护的平衡、保护中开放、发展成果的共享,区域联动、利益共享是必由之路。如何将探索过程中出现的好的实践做法复制、推广甚至于法制化,需要充分发挥政府、市场、社会组织的多主体作用,把松散的联席机制和具有法律效力的规范机制结合,多层次多维度地保障区域合作与联动发展过程中的利益共享。

第三节　我国区域经济发展形成的若干特色

改革开放40年来,党中央、国务院始终高度重视区域经济发展,完善区域发展战略,统筹协调东中西部地区和东北地区四大板块,出台一系列改革举措及指导意见。中国区域经济发展经历了从区域不均衡到区域均衡发展的转型。区域经济实现高速增长,区域发展差距由扩大逐渐演变为缩小,区域经济格局实现历史性演变,走出了一条具有中国特色的区域经济发展之路[①]。

一、区域经济发展战略不断完善,引领作用凸显

改革开放40年来,中国区域经济发展战略经历了从区域不均衡发展到区域均衡发展的转型。区域经济实现高速增长,区域发展差距由扩大演变为缩小,区域经济格局实现历史性演变。科技创新成为中国区域经济发展的最强动能,创业创新活力竞相迸发,创新体系日益完善,推动中国区域经济向高质量方向迈进。

从1978年至1998年,中国的区域经济发展战略以东部地区率先发展为重心,东部地区取得了丰硕的经济发展成果。但同时,中、西部地区与东部地区的区域经济水平也在不断拉大。为了扭转区域差距扩大的趋势,从"九五"计划起,中央提出要缓解区域发展差距。之后,中国的区域经济发展战略就转向了区域协调发展战略。

二、区域经济格局实现历史性变革,区域协调性显著增强

改革开放40年来,中国经济社会发展取得显著成就,综合国力和国际影响力取得历史性进步。东部地区率先发展,中西部地区经济发展水

---

① 刘斌. 区域经济发展中地方政府管理创新路径解析[J]. 经济师,2020(08):118-119+122.

平显著增强,东北地区经济逐步复苏。区域发展差距由扩大演变为缩小,经济发展由高速发展步入高质量发展阶段,但区域分化态势加剧。

(一)区域经济高速增长,经济发展迈上新台阶

从经济增长的速度来看,从1978年到2017年,中国国内生产总值(GDP)的年增长率达到14.5%,剔除4.8%的通胀率,实际年增长率仍然高达9.3%。随着中国国民经济的快速发展,区域经济发展也取得了显著的成就,各地区的经济总产值都实现了历史性飞跃,不断跨上新台阶。实际年增长率仍然高达9.3%。随着中国国民经济的快速发展,区域经济发展也取得了显著的成就,各地区的经济总产值都实现了历史性飞跃,不断跨上新台阶。

东部地区率先发展,由高速发展步入高质量发展阶段。自改革开放以来,在中央政策的支持下,东部地区加快提高自主创新能力,优先发展高新技术产业和现代服务业,加快形成一批自主知识产权、核心技术和知名品牌。随着东部地区生产技术的提升,大量的资本要素及劳动力从中西部地区积聚到东部城市,中西部地区成为产业链上游阶段的主要输出地。同时,东部地区在制度建设、体制建设、科技创新等方面为全国经济发展创造经验,充分发挥了引领带动作用。

中部地区经济发展水平显著增强,可持续发展能力明显提升。20世纪90年代以来,为了逐步解决区域发展差距扩大的问题,国家出台西部大开发、振兴东北老工业基地、促进中部崛起等一系列政策。随着各项战略政策的逐步落实,中部地区经济发展的支撑条件得到明显改善,基础设施与社会服务设施与东部沿海地区的差距进一步缩小,发展势头增强。同时,中部地区由于具有要素成本低、资源丰富等先天优势,积极承接东部沿海地区的产业转移,工业化及城镇化进程加快推进,对全国经济发展形成重要新支撑。

西部区域发展战略成效显著,经济总量连上新台阶。1999年,国家正式提出了"西部大开发"的战略思想。2001年,《中华人民共和国国民经济和社会发展第十个五年计划纲要》明确提出了"实施西部大开发战略,加快中西部地区发展,合理调整地区经济布局,促进地区经济协调发展"的指导方针,并对西部大开发进行具体部署。目前,虽然西部地区的发展仍处于上升阶段,西部地区经济发展的活力已经初步显现。

东北地区经济逐步复苏,内部出现回暖信号。东北地区省份数量较少,地区生产总值尚未达到10万亿元量级。改革开放以来,东部沿海地区经济快速发展,东北地区经济明显落后。实施振兴东北战略以来,东北地区从体制创新和机制创新出发,大力发展现代农业,振兴装备制造业,加快国有企业改革重组,推进产业结构调整和升级。近年来,振兴东北老工业基地战略扎实推进,取得重要进展。东北地区体制改革和机制创新步伐加快,对外开放明显增强,经济持续复苏,呈现较好发展态势。

(二)区域发展差距由扩大演变为缩小,区域分化态势加大

改革开放以来,中国四大区域发展差距经历了由扩大到缩小的过程,从GDP占全国经济总量来看,1978年东部、中部、西部及东北区域地区生产总值占比分别为43.56%、21.58%、20.89%、13.98%,2017年演变为52.56%、20.97%、19.98%、6.48%。从经济增长速度来看,改革开放以来,东部、中部、西部地区年均增速保持在两位数以上,分别为11.4%、10.4%、10.4%,而东北地区略低,经济增速为9.0%。从人均GDP来看,东部、中部、西部、东北地区人均地区生产总值分别为84595元、48747元、45522元和50890元。

在改革开放初期,中国确定了优先发展东部沿海地区的发展战略,并给予沿海地区诸多优惠政策,基于其工业及区位发展优势,构建开放型经济发展格局,推动东部沿海地区先发展起来,东部与中西部间的发展差距持续扩大。1995年,中国提出实施西部大开发、东北振兴、促进中部地区崛起、东部地区率先发展等针对性区域发展战略,构建四大板块协调发展的总体发展格局。近年来,中国进一步实施"一带一路"倡议及京津冀协同发展、长江经济带战略,进一步推动区域协调发展。由此,中国形成"四大板块""三大战略"统筹协调的经济发展布局,区域经济发展的稳定性及可持续性显著增强,各区域经济增长速度及经济总量都实现较大提升。

在四大区域经济总量及人均经济发展水平逐渐缩小的同时,区域内部也出现显著分化态势,主要包括四大区域板块间的分化、板块内部分化以及区域南北分化三个层面。在四大经济板块分化方面,2008年至2012年,东部地区产业转型升级加快,经济增长速度逐渐放缓;中西部地区经济增长速度加快,近几年超过东部地区;而东北地区经济增长相对较慢。在区域内部分化方面,尽管中西部地区总体经济增速相对东部地区较快,但中西部部分省份经济增速相对东部地区省份较慢。区域南北分化方面,区域经济发展呈现出南快北慢、经济增长南升北降的发展格局。

(三)区域经济增长的主动力逐渐由第二产业转向第三产业,产业结构逐步优化升级

改革开放以来,伴随着国家各项发展战略的深度实施,中国三次产业结构有较大改善,产业竞争力及现代化发展水平有较大提升,三次产业结构由"二一三"向"二三一",再向"三二一"演变。四十年间,随着经济总量的增加,服务业逐渐成为区域经济发展的主导产业。从三次产业来看,1978年三次产业结构比重为24.6:47.7:27.7,而2017年三次产业结构优化为7.9:40.5:51.6。

从四大经济板块产业结构来看,1978年与2017年,东部地区三次产业比重分别为23.3:56.8:19.9、4.9:42.0:53.1,中部地区三次产业比重分别为39.2:42.4:18.4、9.5:45.5:45.0,西部地区三次产业比重分别为36.9:43.3:19.8、11.5:41.8:46.7,东北地区三次产业比重分别为20.1:64.2:15.7、11.9:37.3:50.8,四大区域板块产业结构呈现出"由重到轻"的变化趋势。1978年,中国第二产业比重较高的省份主要分布在东北地区、东部三个直辖市以及中部的山西、西部的甘肃等地区,到2017年,第二产业分布产生较大变化,南部的安徽、江西、福建、四川等地工业发展较快,之前第二产业比重较高的地区下降幅度也较大。第三产业方面,1978年,中国第三产业比重最高的省份为青海,2017年,广西作为第三产业比重最低的省份比重也达到40%左右;东部三个直辖市第三产业比重提升幅度较大,1978年,北京、上海、天津第三产业比重相对其余省市较低,2017年,北京、上海、天津第三产业比重分别达到81%、69%和58%,在全国排名前三位。

三、城镇化进程不断演进,城市群逐渐形成

世界正在经历一个城市化的进程,一个新的属于城市的时代已经来临,全球城市化水平在未来的40年内将达到70%。庞大的人口规模、飞快的经济增速,使得正处于快速城市化阶段的中国成为这一波城市化浪

潮中的排头兵。

（一）城市群发展初具雏形

中国城市人口比重在新中国成立初期只有10.6%，仅有0.58亿人生活在城市。人口不断向城市集聚，是不可逆转的历史潮流。中国处于快速城市化阶段，虽然近年来增速略有放缓，也属于中高速发展区间。

随着交通网络的不断密集以及交通技术的不断发达，城市的物理边界逐步扩容，城市与城市之间的通勤时间正在缩短。很多传统意义上的大城市、小城市正在融为一体，构成一个新的经济生态，即城市群经济体。

2017年1月，国家发展和改革委员会印发《中原城市群发展规划》，标志着中原城市群正式跻身7大国家级城市群。2018年2月，国家发展和改革委员会印发《关中平原城市群发展规划》，在与北部湾、呼包鄂榆等城市群的激烈竞争中，关中城市群加入了第8大国家城市群的队伍。至此形成了8个国家城市群：长三角城市群、珠三角城市群、京津冀城市群、长江中游城市群、哈长城市群、成渝城市群、中原城市群、关中城市群。

（二）中心城市的崛起

2005年，中国住房和城乡建设部编制的《全国城镇体系规划》正式提出建设国家中心城市。从此，中心城市在全国城镇体系中的地位和影响力不断攀升，很多城市都积极争取成为国家中心城市。目前，获此殊荣的城市有9个，分别是北京、天津、上海、广州、重庆、成都、武汉、郑州、西安。中心城市具有多中心、网络化特征，全面支撑巨型都市区和欠发达地区的发展。

四、深入实施创新驱动发展战略，筑牢现代化区域经济体系

改革开放以来的实践和经验已经证明，创新驱动发展战略是中国区域经济发展的最强劲动能，科技创新在区域经济增长过程的乘数效应和对区域经济增长质量与效益的促进作用日益凸显。

（一）创新创业驱动取得重要进展

自党的十八大以来，以供给侧结构性改革和五大发展理念为核心的国家经济发展新思路逐渐清晰，在追求区域经济高质量发展的政策理念引导下，中国区域经济增长的新动能在不断孕育，新产品、新技术加快成

长,新模式、新服务和新业态不断出现。以工业机器人、集成电路、新能源汽车、光缆、高端智能手机等为代表的高技术产品不断涌现并产业化,战略性新兴产业对经济增长的贡献比例持续加大,共享经济,蓬勃发展,区域经济发展的新动能有效释放。自由贸易试验区、国家级新区、综合配套改革试验区和自主创新示范区等改革性示范区的创新发展,为区域经济不断释放新动能提供了新平台。

(二)促进新经济新动能形成的体制机制改革不断推进

党的十八届三中全会对全面深化改革做出了一系列重大部署,中央通过先行先试的方式,很多重大任务在特定目标区域落地,使其探索新路径,积累新经验。以体制机制改革,构建现代化区域经济体系的长效机制可供选择的路径还包括:努力构建并持续运行适宜的新载体和新平台,对关乎全局及区域发展的目标地区、关键领域和重要环节进行探索性试验,推动形成支持创新、鼓励突破和促进协调发展的制度环境。以改革创新为宗旨,搭建区域经济试验性平台。通过创新性试验平台等途径赋予优惠政策空间,推动创新要素不断集聚;强化财政、税收和金融等政策的指向,给予区域经济试验性平台的创新发展提供有力支持;推动重大科技创新和重大科研项目在试验性平台的布局。开展创新性探索,构建现代化区域经济体系的长效机制。围绕构建现代化区域经济体系的长效机制,在完善市场环境,促进市场资源和政府调控的良性互动等方面均取得了积极有效的成果。

(三)创业创新活力竞相迸发,创新体系日益完善

党的十八大以来,中央不断鼓励自主创新,已有统计数据充分表明:市场竞争主体的创业创新活力竞相迸发,创新创业体系日益完善。

区域创新要素空前活跃,满足区域经济高质量增长需求的创新体系不断孕育、成长,主要表现在以下几个方面:第一,创新已成为企业占据市场份额的核心竞争力。第二,产学研合作协同创新明显加强。产学研结合是科研成果市场化的关键一环,中央先后出台并落地多项利好政策措施,鼓励并引导产学研融通协作,为打通科研成果与市场间通道,使科技创新转化为新经济动能,取得了显著成果。第三,加快构筑科技创新中介服务体系。技术孵化转化、科技咨询培训和投融资服务等全方面多层次的科技创新中介服务体系不断完善,蓬勃发展,极大地促进了中国创新要素的整合和创新成果的转化。

(四)科技创新对区域经济发展的带动效应愈发凸显

党的十八大以来,科技创新在产业结构优化升级、产品供给结构优化和经济新动能培育等方面的支撑和提升作用愈发凸显。科技创新已成为提升区域经济核心竞争力的根本性动力。

科技创新对区域经济发展的引领作用主要源自:第一,国家高新技术产业开发区成为区域创新发展的主力平台,与国家创新城市、自主创新示范区的互补互通、互联互惠发展。第二,各区域科研要素投入强度与研发支出规模不断扩大,科技成果转化能力提升。第三,科技创新优化区域产业结构促进区域产业协作与深度分工的形成。

(五)创新保障体系不断完善,创新环境持续优化

区域经济高质量发展,必须要有符合创新需求的制度供给,同时还要有符合创新型经济发展所需要素的供给。

创新环境持续优化可供选择的主要路径包括:第一,以体制机制创新为突破,发挥市场在基础资源配置中的决定性作用。第二,释放创新活力,营造有利于创新的社会氛围。第三,继续夯实创新基础设施,加快部署重大科技基础设施,重点支撑前沿性交叉学科研究平台的建设。

五、生态文明建设持续推进,区域环境治理成果显著

(一)生态文明理念不断完善,生态文明建设持续推进

自改革开放以来,依据不同发展时期经济社会建设需求与生态环境特征,党中央持续推进生态环境保护与建设实践,形成了具有中国特色的生态文明思想理论成果,各时期特征如下。

生态环境保护思想萌芽期(1978—1989年)。改革开放初期,中国开始重视生态保护,将环境保护作为一项基本国策,主要措施如下:重视森林资源保护,鼓励公众参与义务植树,运用法律法规手段杜绝滥伐森林行为;提出应用先进科学技术保护生态环境,包括新能源开发、环境治理技术、"三废"综合利用技术等。该时期中国形成了生态环境保护的基本思想和理念,但尚未形成科学体系。

以协调发展为核心生态环境保护思想持续深化期(1990—2000年)。

伴随着经济社会快速发展,生态环境形势日益严峻,对此,中国提出了可持续发展战略,强化生态环境保护理念。在具体实践中,重视西部大开发造成的环境退化问题,依法依规进行生态综合治理;重视生态技术革新,建立了资源节约型经济发展模式;强调国际与区域合作,共同治理生态环境问题。

以科学发展观为指导的生态文明理念初步形成期(2001—2010年)。进入新世纪,生态资源短缺、环境污染与生态退化严重影响区域可持续发展,中国提出"以人为本,树立全面、协调、可持续发展观,促进经济社会和人的全面发展",在党的十七大报告中首次提出生态文明建设,推进建设资源节约型与环境友好型社会,初步形成了具有中国特色的生态文明的新理念,生态环境保护思想开始趋于系统化。实践上,提出通过环境立法推进生态文明建设,鼓励环保产业技术革新,发展循环经济,减轻生态环境压力,加快转变经济增长模式。

以绿色发展理念为指导的生态文明理念深化期(2011年至今)。党的十八大以来,以习近平同志为核心的中央领导集体系统地阐述了中国特色社会主义生态文明建设理念,在党的十九大报告中首次提出了"绿水青山就是金山银山"的理念,探索了中国特色的生态文明建设道路,完善了生态环境保护的科学理论体系。实践上,制订了蓝天保卫战三年作战计划;构建绿色低碳循环产业体系,鼓励发展环保型战略性新兴产业与现代服务业;完善多主体共同参与的环境治理体系与环境保护的法律法规与保障机制。

(二)区域环境治理成效显著,生态环境质量持续好转

改革开放初期,由于缺少环境保护意识,区域生态环境质量存在一定程度的下降,后期,在可持续发展、科学发展观、生态文明等战略理念的指引下,四大区域对生态环境与污染治理的认识不断深化,生态环境质量总体上呈现出先下降后缓慢回升的变化趋势,治理模式由各省市政府各自为政向跨区域联防联控转变,四大区域在环境治理实践中形成了多样化的区域环境治理路径。具体来看:东部地区作为改革开放的前沿地区,资源禀赋条件优越,在快速工业化与城镇化过程中,产生了秋冬灰霾污染、臭气污染、酸雨等跨流域环境污染,环境质量持续下降,对此,东部地区通过实施跨流域污染治理工程,应用新技术,有效推动了生态环境质量的提升。

中部地区是中国重要的粮食主产区与能源原材料基地,工业化的起步发展导致环境污染日益加重,长江流域水污染与大气污染加剧了粮食主产区农业面源污染,对此,地方政府采取优化产业布局,整治散乱污企业,提高产业环境准入标准,发展生态友好型农业,构建绿色产业体系,降低煤炭等重点燃料消费总量等措施,开创了生态治理新局面。

受自然资源禀赋与地理环境的制约,西部地区生态环境较为脆弱,生态环境退化与水资源短缺问题严重,制约了区域可持续发展,对此,西部地区通过实施植树造林、开源节水、退耕还林还草等生态修复工程,使生态环境质量总体趋于稳定并略有上升。

东北地区是中国重要的粮食主产区与装备制造业生产基地,重工业发展导致各类资源过度消耗,"三废"污染严重,对此,东北地区通过实施"天保工程"、盐碱地改造、退耕还林还草、湿地保护与生态移民等生态建设与环境修护工程,有效提升了生态环境质量。

六、体制机制改革不断推进,区域发展更加协调

自实施区域经济协调发展战略以来,中国不断地从体制机制上进行调整,促进区域协调发展战略的实施。2018年11月,中共中央、国务院发布《关于建立更加有效的区域协调发展新机制的意见》,明确要建立区域战略统筹机制、健全市场一体化发展机制、深化区域合作机制、优化区域互助机制、健全区际利益补偿机制、完全基本公共服务均等化机制、创新区域政策调控机制、健全区域发展保障机制,大力推动促进区域协调发展的体制机制改革走向新高度。

(一)以区域经济联系为主体推动区域战略统筹达到新高度

首先,中国在实施区域经济协调发展战略过程中,对区域总体的认识在不断深化,区域经济发展政策越来越集中于以区域经济联系为重心。"西部大开发""东北振兴"和"中部崛起"战略都是以地理为核心划分的。之后,中国将生态文明的理念加入了区域发展总体战略,并进一步提出了主体功能区的划分,以主体功能区战略进一步促进区域经济协调发展。

在党的十八大之后,"京津冀协同发展战略""长江经济带发展战略"和"一带一路"倡议等以经济联系为侧重的区域协调发展战略陆续提出。

这些战略和倡议从跨行政边界等更高层次考虑整个区域的要素禀赋、资源配置方式、经济发展模式等问题，更有利于整合区域的经济发展资源，明确区域经济的发展方向，促进区域经济的互动增加，提升区域经济的发展质量。2017年，党的十九大报告指出，将"以城市群为主体，构建大中小城市和小城镇协调发展的城镇格局"，进一步强化对区域经济联系的关注，即要通过城市群的建设，构建跨行政边界，支撑区域经济发展的坚实基础，推动区域经济实现协调发展。

从基于地理的划分到基于功能的划分，再到基于区域经济联系的划分，对区域总体认识的不断深化，促进了区域经济协调发展机制的不断改革，有利于从更高的高度统筹区域发展，充分地利用好区域内的经济发展要素，加强区域经济联系，提升整个区域的经济活力。

（二）以扩大开放为推手引领区域对外开放实现高层次发展

对外开放是中国改革开放获得巨大成就的重要原因。更好地实现内陆地区的开放是进一步推动改革开放的必然要求。2011年，第一趟中欧班列"重庆—杜伊斯堡"开行，打开了以铁路运输为载体进行对外贸易的稳定通道。2014年，《关于依托黄金水道推动长江经济带发展的指导意见》提出构建沿海、沿江、沿边对外开放新优势，建设陆海双向对外开放新走廊。此后，在"一带一路"倡议的推动下，中国不仅有更多的城市以铁路运输的方式构建对外开放的新通道，还同时通过沿长江开放内河贸易，充分联动中国的沿海和内陆，形成海陆统筹的对外开放格局，为中国绝大部分地区都争取到对外开放的机遇，有利于区域协调发展。

除开放地域扩大外，中国的对外开放层次也在不断提升。2013年，上海自由贸易试验区率先成立，其不仅整合、优化了过去对外开放与对外贸易的成果，还进一步启动了金融业的开放创新，为全面深化对外开放提供经验。之后，国务院进一步批准了福建、天津、广东、河南、湖北、重庆、四川、陕西、海南等省（市）的自由贸易试验区方案，特别是中西部省份自由贸易区的建立，表明了中国深化开放、更多地参与全球化的积极态度。

（三）以政府管理改革为契机激发区域市场经济活力

改革开放的目的，还在于激发区域市场经济的活力。过去，中国地区间政府管理的差距都阻碍着区域协调发展的实现。因此,政府管理领域的改革也一直在不断深化。

第一,各级政府积极改革政府治理方式,促进政府从管制型向服务型转变。2006年,党的十六届六中全会第一次指出"建设服务型政府,强化社会管理和公共服务职能"。党的十八大以后,通过反腐倡廉、创新政府管理方式等改革措施,各级政府积极实施"简政放权",有效减少行政管理对市场经济的约束。党的十九大报告进一步指出,要转变政府职能,深化简政放权,创新监管方式,建设廉洁高效、人民满意的服务型政府。2018年3月,国务院也进行了重要机构改革,大大推动了政府管理改革的进程。

第二,促进区域协调发展的改革一直朝着加强地区间合作、打破行政壁垒的方向不断推进,加快区域经济一体化实现。当前中国京津冀、长江经济带、珠三角地区三大区域均已实现海关通关一体化,整体贸易便利度大大上升。同时,国家级新区、自由贸易试验区等特区建设已经在提高区域经济发展的协调性中担当越来越重要的角色:一是特区中可以率先试行更加创新的政府治理方式;二是国家级新区已经逐步成为区域协调发展的重要支点,部分国家级新区本身已经突破了原本的行政边界,既有利于协调优势要素和产业的配置,又能与已经发展成熟的城市区域相辅相成实现新发展;三是建立较高级别的国家级新区,有利于构建新的区域经济增长极,例如,雄安新区就为京津冀协同发展奠定了全新的发展格局。

(四)以财税制度改革为抓手促进区域经济协调达到高水平

解决发展差距问题,单纯靠市场自发调节是无效的,政府必须履行好再分配的功能,而财政则是政府进行再分配的主要手段。公共服务均等化水平是体现区域经济协调发展的重要领域,因此,财税制度改革的重要目标就要对中央政府和地方政府在财权与事权上进行重新调整,对地区间发展差距过大的公共服务实施必要的平衡和调节。2013年,《基本公共服务领域中央与地方共同财政事权和支出责任划分改革方案》出台,将义务教育、基本就业服务、基本养老保险、基本医疗保障等8大类共计18个事项纳入中央与地方共同财政事权范围,并规范指出责任分担方式,标志着财政事权和支出责任划分取得了新的重大进展,有利于促进基本公共服务均等化水平的提高。

为促进区域经济协调发展的实现,优化区域互助机制与健全区际利益补偿机制等一系列相关举措都在积极推进中。可以预见在财税改革不断推进的基础上,中央政府和各个地区政府将更有实力促进区域经济协调发展的实现。

第四节 未来中国特色区域经济发展的趋势展望

21世纪以来,国际国内政治经济形势发生着深刻而复杂的变化,当今世界正处于新科技革命的前夜,一些重大科技领域显现出发生革命性突破的先兆。世界政治经济发展的新浪潮和科学技术革命的新突破,必将深刻影响我国区域经济发展的走势①。

一、新中国成立以来区域经济发展的现实挑战

新中国成立以来,区域经济发展的政策以促进经济发展为目标,坚持与时俱进,将兼顾效率与公平作为实践原则。在此基础上,我国东、中、西部地区的经济都获得了飞速发展,沿海与内陆地区之间的经济发展差距有所缩小,但是总体来看,我国区域间的经济发展仍然存在不平衡、不协调。新时代,要实现经济高质量发展、建设社会主义现代化强国,我国区域经济要实现协调发展,仍面临新的现实挑战。

(一)区域发展的不平衡问题仍比较突出

新中国成立以来区域发展政策的演变历程,是中国追求全面经济发展,改变积贫积弱旧中国面貌的实践过程。我国区域经济发展也经历了较低发展水平上的差距缩小、快速发展中差距拉大的发展过程。目前,我国地区之间经济发展差距扩大的速度开始减缓,但是东部沿海地区与中西部内陆地区之间的差距依然很大,2018年的国内生产总值中,东部地区的生产总值占比仍然接近1/2。在发展过程中,东部地区长期处于经济快速增长中,但是东部地区的快速发展却吸收了中、西部地区的劳动

---

①刘秉镰,朱俊丰,周玉龙.中国区域经济理论演进与未来展望[J].管理世界,2020,36(02):182-194+226.

力资源、能源资源，使得中西部地区发展过程中缺少充足的生产要素，不利于其经济发展。相关数据表明，东部地区的地区生产总值占全国的比重从2009年开始逐渐下降，但是仍然长期超过50%，超过了中西部地区生产总值的和。可见，虽然中央为了缩小地区间的发展差距提出了中部崛起、西部大开发等区域发展战略，但是区域发展不平衡、东部与中西部地区发展差距较大的问题仍然比较突出，构成了新时代实现区域协调发展的现实挑战。

（二）区域发展过程中缺乏生态环境的协同治理

中国经济长期的发展过程中，各区域发展均存在为了促进经济快速发展而牺牲生态环境的问题。但是当国家开始注重中西部地区发展之后，中西部地区为了促进地区经济发展，缩小与东部发达地区的差距，均将承接东部地区的产业转移作为自身发展战略的一个重要部分。由于东部地区经济发展水平高，居住人群要求提高环境质量，迫使东部地区加大环境规制力度，限制高污染、高耗能企业的生产，这就导致这部分企业不得不向环境规制力度较弱、能源丰富的中西部地区转移。

1999年和2004年之后，国家提出西部大开发与中部崛起战略，东部发达地区大量的高污染、高耗能企业转移到中西部地区，中部和西部地区2017年的废水排放总量比2004年分别增长了38%与57%，西部地区2017年的二氧化硫排放量占全国排放总量的42.3%，西部地区2017年的固体废弃物产生量是2004年的3.6倍，占全国产生总量的35%。中西部地区为了促进区域发展，不得不承担发展所带来的能源耗竭与生态环境破坏；同时由于我国地势西高东低，中西部地区处于东部发达地区的生态上游，中西部地区生态环境的破坏又通过"跨界污染"导致了东部地区的环境污染，进而制约全国生态环境的整体改善；此外，由于地方政府之间存在区域的经济发展竞争，也导致区域的环境治理政策并未考虑到污染的外部性，区域发展中的环境治理缺乏协同，生态治理政策的效果有限，造成了资源的大量浪费。生态环境的破坏不仅使得我们的生存环境日益恶劣，更威胁到经济的长期可持续发展，不利于我国产业的有效转型升级，使我国难以实现区域的持续健康高质量发展。

（三）区域经济发展的开放水平存在较大差距

改革开放以来，我国对外开放水平不断提高，但是，由于我国中西部地区深处内陆,地形复杂,在交通往来上具有先天的不足,同时由于经济发展较为缓慢,也存在着基础设施建设不到位、相关合作政策不完善、国际往来的渠道不畅通等问题,因此,中西部对外开放水平与东部地区一直存在着较大的差距,并有进一步扩大的趋势。

进入新时代,为了促进内陆与沿海地区进一步扩大开放程度,习近平总书记在2013年提出了构建"丝绸之路经济带"和"21世纪海上丝绸之路"的构想,丝绸之路经济带建设为内陆经济发展提供了新机遇,但其与沿海相比仍存在较大差距。2017年,东部地区外商直接投资企业数接近45万家,而中西部地区均未超过5万家。

从2005到2017年东部地区的北京市、中部地区的河南省、西部地区的甘肃省对外经济合作合同额的变化可以看出,东部地区对外经济合作水平在不断提高,中部地区对外经济合作水平呈现先增长后下降的趋势,西部长期以来对外经济合作水平较低。因此,在新的国际形势下,结合我国新时代的发展目标,如何与内陆地区深入合作,发掘与广大新兴市场和国家之间的合作关系,成为我国区域发展、国际经济合作的新机遇、新挑战。如何通过与内陆地区的深入开放合作带动我国中西部地区经济长期充分发展,也是新时代我国经济高质量发展面临的重要问题。

(四)区域间经济分工协作的水平有待进一步提高

改革开放以来,凭借着自身具备的区位、资源等发展优势,我国东部地区利用国家设立经济特区、建立自由贸易区等政策带来的历史性契机,成功实现了经济飞跃。

以长三角和珠三角为代表的东部地区经济增速多年排名全国前列,经济实力在全国占有举足轻重的地位。在内地与沿海地区的长期经济往来中,中西部地区为东部地区的经济发展提供大量的劳动力和原材料等生产要素,并通过承接东部地区的产业转移促进自身工业化进程,从而实现自身的经济发展。然而由于人力资本积累、制度环境等因素的差异持续存在,中西部地区与东部地区的经济发展并不具备同步性,且二者之间的发展差距显著扩大,呈现出经济发展水平的趋异化现象。在区域经济发展过程中,中西部地区通常以模仿东部地区的发展模式,发展东部地区已有产业,承接东部地区部分淘汰产业来促进自身经济发展,2003到2017年,中西部地区的制造业固定投资增长速度远远高于东部地区,其中中西部地区2017年的制造业固定投资分别是2003年的25倍与17倍,而东部地区仅扩大了9倍。

中西部地区在经济发展中过度模仿东部地区的产业发展模式使得东中西部产业发展出现趋同现象,中西部地区并未发挥自身的比较优势,导致中西部地区投入大量生产资源却在市场竞争中落后于东部地区。另外,由于行政区划的隔离与政府官员之间晋升锦标赛的激励,一定程度上存在着区域经济竞争、区域产业趋同等问题。各个区域间以经济发展速度、生产总值作为竞争指标,地区间缺少横向的生产分工和经济协作,这在促使经济发达地区更加迅速发展的同时,也使得经济落后地区更加难以取得有效进步,并且造成了大量的重复建设和资源浪费的问题,不利于地区间的经济持续、稳定和协调发展,并进一步对我国总体经济的质量提升形成阻碍。

二、新时代中国区域经济发展的未来展望

协调发展是实现中国经济高质量发展的应有之义,将协调发展融入高质量发展的各个维度,在创新发展、绿色发展、开放发展、共享发展的过程中促进中国区域之间的协调发展。促进区域间的协调发展应该以创新作为引领,不同区域根据自身的比较优势,因地制宜地培育经济高质量发展新动能;将绿色发展作为根本原则,坚持"绿水青山就是金山银山",在经济发展的同时保护生态环境,建设美丽中国;以开放发展作为出发点,扩大沿海、内陆地区的对外开放程度,营造一个良好的区域发展新环境;以共享发展作为目标,缩小地区间经济发展差距,实现共同富裕,最终实现区域协调发展。

(一)推动创新引领——因地制宜培育区域发展新动能

当前,要实现经济高质量发展,新旧动能的转换至关重要。为此,必须将协调发展融入创新发展,根据沿海、内陆地区的不同资源禀赋与经济基础,因地制宜地培育各自的经济发展新动能。西部开发、东北振兴、中部崛起、东部率先四大板块区域布局奠定了我国区域协调发展基础。要以此为指导思路,形成东、中、西部经济互联互动、优势互补、协调发展的新格局,因地制宜,取长补短,促进我国区域经济协调发展。

第一,对于东部沿海经济发达地区,要继续发挥"龙头"作用,充分依

托其城市化水平高、技术力量雄厚、资金充足、交通便利、开放程度高等优势,加快研发新技术,实现产业升级,加快发展信息产业与绿色产业,并进一步实施"走出去"战略,更好融入全球产业价值链。

第二,在东部率先发展的过程中,中西部地区应全力推进体制创新,促进传统产业升级,积极培育经济发展新动能。一是重视加快内陆地区老工业基地的改造,充分利用区域内设备制造业体系庞大的坚实基础,振兴装备制造业,以市场化促进经济结构的加快调整;二是加快中西部农业规模化、专业化和机械化发展,提高农业产业化水平,将中西部地区建设成我国重要的粮食生产基地;三是充分利用中部崛起与西部大开发战略所提供的政策优势,加快完善中西部内陆地区基础设施建设,将中西部内陆地区建设成我国重要的能源原材料基地、现代装备制造及高技术产业基地、综合交通运输枢纽;四是中西部内陆地区在发展第一、二产业的同时,也要通过加速人力资本投资与科技研发投资,提升自身的创新能力与技术水平,最终实现产业转型升级,形成现代化的产业体系,与沿海地区协调发展。

第三,要实现区域协调发展必须促进沿海内陆地区的合理分工,减少重复建设与资源浪费,从空间布局、产业发展、基础设施建设、资源开发、环境保护等方面全方位推动地区间的经济持续、稳定、协调发展,建立区域经济发展战略统筹机制来促进区域间横向的经济联合与协作。一是坚持以国家重大区域发展战略为引领,调整区域经济结构和空间结构,促进区域间相互协作分工;二是要统筹发达地区和欠发达地区发展,将发达地区先进的技术与欠发达地区丰富的劳动力、土地、能源等资源相结合,在生产过程中根据区域特点合理分配产业链,建设合作产业基地。

(二)促进绿色发展——实现经济发展与生态保护相协调

在经济发展由高速度转为高质量的新时代,绿色发展不仅是出于环保的需求,更是当下发展高质量经济、未来实现长期可持续发展的有效保证。因此,我们的区域发展政策必须协调经济发展与生态环境保护之间的关系,实现经济高质量发展。

第一,实现传统产业的绿色转型。一是必须加速对传统产业的改造升级,实现从粗放型经济向集约型经济转变,发展绿色低碳循环型经济;二是要大力发展绿色产业,与传统产业相比,绿色产业的优势在于生产过程中投入了更少的自然资源,产生了更少的废弃物,实现了资源循环利用,保护和改善了生态环境,大力发展绿色产业,将为内陆地区培育壮大新的经济增长点;三是大力发展绿色技术,传统的技术创新将重点主要放在提高生产效率、减少生产资源投入上,绿色技术创新将重点放在减少环境污染、开发新能源、资源循环利用上。

第二,为了协调区域经济发展与区域生态环境保护之间的关系,还需要建立健全相关生态法规。一是针对"跨界污染"问题,必须建立跨区域、跨流域的共同治理机制,加大对全流域环境污染企业的监管监督,建立严格的生态环境准入标准,推动上下游生态环境的共建共治;二是针对"污染转移"问题,按照区际公平、权责对等、试点先行、分步推进的原则,不断完善多元化横向生态补偿机制。

(三)形成开放新局——扩大内陆地区的开放程度

沿海地区经济快速发展的经验告诉我们,只有不断扩大开放程度,才可以促进经济快速发展。开放程度的扩大,一方面可以吸收发达地区先进的生产技术与生产经验,吸收更多的人力与物质资本;另一方面可以拓宽产品的销售市场,扩大生产规模。新时代,中国经济要持续发展必须在坚持沿海地区持续开放的同时,充分利用我国内陆地区靠近中亚、欧洲的地缘优势,进一步扩大内陆地区的开放程度。

"丝绸之路经济带"给长期开放程度不高的内陆地区带来了一个开放的新机遇,应以此为契机,全面发掘中国与广大新兴市场国家之间潜在的互补互利机会,全面深化与新兴市场国家及区域经济体之间经济贸易、基础设施等方面的合作关系。首先,要加强内陆地区交通基础设施建设,克服内陆地区由于交通不便带来的物流成本劣势。其次,内陆地区要转变发展观念,把区域开发的重点集中到完善区域开放经济发展基础和条件、优化开放经济发展环境上,打造良好的开放环境,吸引更多的投资、先进技术与高层次人才,助力快速发展,缩小沿海与内陆之间的经济发展差距,实现区域协调发展。

(四)实现共同富裕——缩小地区间经济发展差距

进入新时代,我国社会的主要矛盾要求我们在实现经济高质量发展的同时必须贯彻共享发展理念,解决发展不平衡的问题必须缩小我国区域间的经济发展差距。

首先,协调推进黄河流域经济带、京津冀协同发展、长江经济带发展、粤港澳大湾区建设、长三角一体化发展等重大国家战略的实施,充分利用各地区不同特点和发展优势,推进区域协调发展;其次,推动东中西部地区基础设施的均衡化,给予中西部内陆地区更多政策支持,加快其基础建设投资,在内陆地区构建一个交通方便、环境优美、资源充足的宜商宜居环境,吸引沿海发达地区与国外资本到内陆地区投资,吸引高层次人才在中西部内陆地区创业,只有内陆地区获得充足的人力资本、物质资本投资,内陆地区经济才可以快速发展,逐渐实现内陆与沿海地区的经济协调、共享发展;最后,推动沿海与内陆地区公共服务的平等化,坚持将区域协调融入共享发展的维度,让东中西部地区人民可以享受平等的高质量公共服务,要促进内陆地区教育、医疗、卫生、支农、环境保护等公共服务领域的快速发展,满足中西部地区人民群众对美好生活的需要,实现区域间协调共享发展,最终实现共同富裕。

第八章 区域经济发展的实践探索

第一节 区域经济发展之云南旅游产业的发展

一、云南旅游综合体开发意义

伴随我国社会经济的发展和居民收入的增长、闲暇时间的增多,旅游业进入了大众化消费的新阶段,并开始从单一观光旅游向综合休闲度假旅游转变。为了顺应国内旅游市场的发展方向,云南省积极实施大项目带动战略,规划建成了一批集多种功能于一体的旅游综合体。云南旅游综合体的成功建成,从宏观层面看,有助于提升城市品牌形象的、促进就业、推动全省旅游产业的快速发展;从微观层面看,促进了区域内产业融合、推动了旅游景区发展模式的转型升级、促进了旅游投资模式的转变。云南旅游综合体开发的意义具体体现在以下几个方面。

(一)促进区域内产业融合

云南旅游综合体的开发有利于促进区域内旅游产业融合,从而推动整个区域经济的发展。

旅游综合体的开发带来了区域内休闲、度假、餐饮、娱乐、购物、会议等多功能产业的聚集,并延伸产业链。它围绕着旅游基本要素,通过旅游资源整合、旅游产品的升级、旅游服务的配套,完善并延伸旅游产业链,形成了纵向和横向的旅游产业链体系。因此,在旅游综合体这个特定空间内,往往存在着多个不同的产业,它们分别处于旅游综合体产业链不同的环节,为游客提供不同产品和服务的同时,促进了区域内旅游产业的转型升级,并拉动了产业链上的其他产业的发展。

旅游综合体的开发最终实现区域内产业融合。它以旅游产业为核心,利用融合的方式,使旅游产业与周边区域特色产业彼此衔接,打破各自为政的状态,形成新的业态,如与周边农业的结合,形成了观光与休闲旅游农业；与运动产业的结合，形成了旅游运动基地；与房地产相结合，形成了休闲旅游地产社区等。最终，这些新业态形式的出现拓展了云南旅游产品市场，成为云南旅游市场的新动力和新方向，从而推动区域经济快速发展。

（二）推动区域内综合发展

综合性是旅游综合体的特征之一。它一方面体现在产品的多元化上，即为旅游者提供餐饮住宿、旅游观光、休闲娱乐等综合性的旅游产品。另一方面体现在项目的综合开发上。与传统的旅游景区相比，旅游综合体的开发不仅仅是围绕单一旅游项目和配套设施的构建，而是包括了土地、相关产业、社区配套等全方位的综合建设，以实现区域内的综合发展。

1.土地的综合开发

以旅游休闲为导向的土地的综合开发，是旅游综合体打造的本职所在。其目标是在区域内利用土地资源构建旅游综合体内核心吸引区、休闲聚集区，以实现人流的聚集，极大地提升土地价值与品牌价值，进行产业延伸特别是同房地产业的融合进行休闲地产开发，实现了土地自然增值、附加在土地上的产品增值和服务增值等一系列的效应。

2.产业的综合发展

旅游综合体开发是从单一的旅游项目到综合旅游集聚区的发展过程。其包括了核心产业即旅游业的发展；旅游相关产业如文化业、教育业、会议会展业、体育运动业等的发展，旅游支柱产业如交通运输业、房地产业、食品加工业等的发展，以及与其他领域产业的融合形成新旅游业态的发展，其实质是泛旅游产业的综合发展。不同的旅游综合体形成了侧重不同的产业配备和延伸，这样一个合理的业态比例布局有助于整个区域内的整体运营和经济的可持续发展。

3.配套的综合建设

旅游综合体除了旅游项目以及旅游配套设施的聚集外，还需要市政设施、社区管理机构、服务管理机构等方面的综合配套的建设，以形成完善的区域综合管理体系。因此，可以说旅游综合体的开发通过实现区域内土地的增值、产业结构的延伸和优化、相关配套的完善，最终带动区域全方面、综合性发展。

（三）推进新型城镇化建设

旅游业具有很强的带动作用,能带动当地工业和农业的发展,实现整个区域经济健康地发展。作为目前旅游产业投资开发的主流模式,旅游综合体驱动的新型城镇化发展已成为当前热门话题。它是以旅游为导向进行土地综合开发,实现泛旅游产业聚集和相关配套设施的发展,以形成消费集聚、人口集聚、就业集聚、服务集聚,促进地区城镇化的发展。旅游城镇化是非建制就地城镇化的典范,极具有推广价值。旅游综合体是一种特殊的新型城镇化形态。其推动新型城镇化的特殊性在于以下几个方面。

1. 成为提升城镇质量的极核

旅游综合体是位于城镇中的一个建设项目,其成功开发在一定程度上成为了提升城镇质量的极核。如以商业购物为核心功能所打造的旅游综合体——七彩云南花之城,对其定位是位于昆明市的一个集吃、住、行、游、购、娱为一体的花园式旅游商业综合体。在城市建设过程中,它有着产业聚集价值、环境美化价值、文化品牌价值,发挥着完善城市的服务功能,提升城市质量与品位的作用,扮演着带动区域内城镇发展的极核角色。

2. 形成非建制的就地城镇化

在旅游综合体开发过程中,有更多的项目是脱离城市区,形成一个相对独立的非城镇建成区。它通过旅游的"搬运效应"将乡村的优质环境、独特文化与丰富资源同城市的强大旅游休闲消费力相对接,最终实现社会财富的再分配,带动区域内人口的聚集、就业增加、居民生活水平的提高,成就了该地区就地城镇化的发展。

3. 具有产城一体化特征

旅游综合体主要依托产业形成城镇化,其核心是带来了非农业人口的聚集、泛旅游产业的聚集、公共设施和市政配套的聚集以及公共服务与政府管理配套等要素,具有产城一体化的特征。

（四）推动云南"旅游强省"建设

2013年9月,云南省委、省政府出台了《关于建设旅游强省的意见》提出了建设旅游强省的重大战略决策,并进一步明确提出旅游开发建设重点必须围绕旅游转型升级、提质增效的目标,着力推动全省旅游由观光型旅游向休闲度假型旅游转变,推进云南旅游产业跨越发展,再创云南旅游产业的新辉煌。

旅游综合体的开发直接推动了云南省从观光型旅游产品为主向观光、休闲度假、专项旅游产品在内的复合型旅游产品体系转型。这与云南省的重大战略决策要求相符合。它以旅游产业为核心,通过构建有价值、有效率的产业集群,实现产业联动,能够有效促进区域经济的综合发展,切实推进旅游产业结构的优化升级,促进云南经济社会持续快速地发展,推动云南"旅游强省"建设①。

二、云南旅游综合体开发条件

(一)旅游资源丰富

云南旅游资源丰富,类型多样,有峡谷、高原湖泊、石林、喀斯特洞穴等自然景观,也有源远流长、诗情画意的历史、文物古迹、猿人遗址、民俗风情等人文景观,还有具有极高观赏价值并且种类繁多的生物资源,丰富多彩的旅游资源构成了云南旅游综合体开发的核心吸引物之一。

1.自然资源

云南是一个高原山区省份,海拔从76.4米到6740米,巨大的垂直地质变化,形成了复杂多样的地貌风景资源。在云南东部的云贵高原上,历经两百万年的溶蚀风化冲刷,形成了风景独特、地形瑰丽的喀斯特地貌以及岩溶地形。其中有被誉为"云南第一洞"的阿庐古洞,是亚洲最壮观的天然溶洞穴之一,洞景以古、险、奇、绝为特色,洞内的石笋、石钟乳、石幔、石瀑、石花千姿百态,宛然一副奇特壮观的地下喀斯特。再则是位于昆明东南方,素有"天下第一奇观"的石林,其区域内大、小石林参差峰峦,千姿百态,巧夺天工。其间的莲花峰、剑池峰、人间仙境等十三景,更是令人流连忘返、回味无穷。

在云南的西北部是常年积雪的高山,其中以有着最温暖的滑雪场之称的玉龙雪山最为著名。高黎贡山山麓的腾冲是位于云南省西部边陲著名的地热之乡。它地处印度与欧亚大陆两大板块边缘,大面积的热海、热田景观奇特多样,被誉为"天然的地质自然博物馆"。同时云南省也是拥有丰富的水文风景资源的地区,主要以江流、湖泊为主。其中金沙江、澜沧江、怒江并肩在崇山峻岭中奔流,形成了世界独一无二、雄奇壮美的三江并流景观。位于昆明市内的滇池是中国第六大内陆淡水湖,素有"高原明珠"之美称。其中最值得一提的则是有"目光所及皆图画,步履所至尽仙源"之称的泸沽湖,湖岸曲折,四周青山环抱。湖中散布5个全岛、3个半岛和1个海堤连岸,风景秀美,自然恬静,让人仿佛置身于仙境一般。此外,云南的生物旅游资源也极其丰富独特,素有"植物王国""动物王国""花卉王国"之美誉。由于独特的地貌,海拔的巨大差异,形成了几乎囊括全国的各种气候,集中了从热带、亚热带至温苔甚至寒带的多种动植物。

2. 人文资源

云南作为少数民族聚集地,被称为"民族文化王国"。全国55个少数民族中,云南就有25个,其中哈尼、傣、白等15个民族为云南特有的少数民族。在民族建筑上,云南有丽江古街为代表的四方街、古桥、木府以及古建筑中稀世珍宝般的五凤楼、傣家人的竹楼、白族的粉墙画壁等。在民间歌舞上,有彝族的阿细跳月舞、闻名中外的傣族孔雀舞、景颇族的刀舞、佤族的甩发舞等。丰富的民俗文化,也造就了独特的节日,如彝族的火把节、傣族的泼水节等。不仅如此,云南地区也是古彝族建立古滇国和哀牢固建立的地方,因此积累了许多历史文明遗迹。

(二)度假旅游市场保障

云南省以丰富的旅游资源作为依托,大力发展旅游业,是我国最早将旅游业作为支柱产业来建设的省份之一。

据相关调查显示,自2005年以来,云南省旅游业保持着持续较高的增长态势,旅游市场不断扩大,旅游经济总量呈现两位数快速增长的良好态势。从整体上看,云南省已经形成一个有保障、相对稳定的旅游市场。同时,持续稳定增长的国内外游客数量为云南旅游综合体的开发提供了强大的旅游市场的保障。

(三)开发愿望强烈

从云南省旅游综合体开发的主体来看,主要由政府、大型投资企业组成。他们对于云南旅游综合体的开发前景十分看好、开发愿望强烈。从市场需求角度来看,旅游综合体是旅游消费者收入水平以及消费需求发生变化的必然产物。传统的单一的旅游景区吸引游客越来越难,也缺乏业态的配套。而与之相反的旅游综合体开发正好解决这些问题。从投资角度来说,旅游综合体是旅游项目投资和商业房地产投资演化的必然产物,单一的旅游投资项目具有投资大、回收期长、投资回报率低的问题,但是旅游综合体融合了投资回收期短、投资回报率高的地产开发项目,因而成为大型投资企业关注的热点投资项目。对于政府来说,除了以上两点原因外还因为旅游综合体符合政府对区域综合发展的政绩诉求。不但能吸引社会投资,更在本质上将城市消费带向乡村,从而有效地带动周边地区就业的增加、产业的升级、配套的完善。因此,可以看出对于具有多种优点的旅游综合体开发,政府是给予支持的;大型投资企业也是十分热衷的。

(四)政府大力支持

旅游综合体开发具有前期投资大、规模用地大、投资风险大、回报率高的特点,没有政府部门的配合和支持是很难实现。同时项目的开发通常会涉及居民生产、生活的方方面面,并牵扯到居民就业、生态保护、拆迁安置等一系列社会问题,对城市的发展产生巨大的影响,因此通常需要地方政府从宏观上把握此类型项目的开发方向。而由于旅游综合体作为一种旅游产业的集群现象,不但能带动区域经济和社会的发展,还能推动当地新型城镇化的建设,因此得到了政府相关政策的支持。

在政府政策上,为促进旅游休闲产业健康发展,推进具有中国特色的国民旅游休闲体系建设,国务院办公厅印发了《国民旅游休闲纲要(2013—2020年)》,《休闲纲要》重点内容包括提倡绿色旅游休闲理念、保障国民旅游休闲时间、鼓励国民旅游休闲消费、丰富国民旅游休闲产品、提升国民旅游休闲品质等五个方面,支持中国国民旅游的未来方向大众休闲旅游发展。2005年,云南省委、省政府提出了要全面推进旅游"二次创业",要求旅游产业结构实现由观光型向休闲度假型转型,大力推进云南休闲旅游产品开发。由此可以看出国家和地区政府的政策都从侧面支持了休闲旅游业态——旅游综合体的形成和发展。

三、云南旅游综合体开发的内容

一个成功的旅游综合体,在其发展构架上无不由"核心吸引物""休闲聚集区""旅居度假区""综合配套区""产业支撑区""运营管理中心"等六个部分构成,云南旅游综合体开发也不例外。其中,核心吸引物与休闲聚集区是旅游综合体开发的关键环节。这两部分的成功构建将实现人流吸引和聚集,从而极大地提升土地价值。但是,开发要真正获得土地开发上的巨大回报,必须进行创造产业延伸发展中心。它主要是包括旅居度假区、综合配套区和产业支撑区的开发,形成一个泛旅游产业的发展构架之后,通过运营管理中心来实现旅游综合体的持续发展。

(一)核心吸引物

核心吸引物是旅游综合体形成的奠基石。与其他旅游项目一样,旅游综合体首要解决的问题是旅游人气问题,若无法形成人气,项目也就不存在开发意义了。核心吸引物是吸引人流的关键所在,同时也是旅游综合体打造的关键所在。

一般情况下,旅游综合体的核心吸引物可以由一个或多个组成,其主要可分为两种类型:一种以自然山水资源、历史文化资源、生态资源等已有资源为核心吸引物;另一种是人造的吸引物如主题公园、游乐场、特色酒店、高尔夫球场、特色街区等。而对于具体打造何种核心吸引中心的问题,则需要以旅游综合体整体的发展框架为基础,由所拥有的特色资源、综合市场的需求以及资金的投入安排等因素决定。云南省旅游资源丰富、旅游业发展突出,具有核心吸引物开发的有利条件。

(二)休闲聚集区

休闲聚集区是旅游综合体发展的重要组成部分。它通过各种休闲旅游业态的聚集,来满足由核心吸引核所带来游客的各种需求,延长游客的停留时间、增加游客综合消费,是实现旅游综合体综合经营的关键。休闲聚集区的主要是针对游客的餐饮、住宿、游乐、购物、养生、运动等多种休闲需求而构建的。它打造了一系列休闲产品包括酒店群、主题公园、水上乐园项目、滑雪场、会所、特色商业街、温泉SPA等,在满足游客的休闲需求的同时,扩大了旅游综合体的经营收益。它与核心吸引物相辅相成,并且在一些项目打造上没有严格的界线。当核心吸引物把人流吸引进来后,形成最初的消费,但要留住人流并扩大其消费,就需要创造更多的休闲产品,激发并满足人们的休闲消费需要,创建休闲聚集区。

(三)旅居度假区

旅居度假区是旅游综合体获取土地增值收益的关键之一,也是实现区域内城镇化的基础。旅居度假区的构建过程实质上是区域内旅游房地产的开发过程。核心吸引核与休闲聚集区的成功构建实现了区域内的人流集聚和土地增值。旅游综合体如何获取土地增值效益,正是依靠旅居度假区的打造。此处的旅游地产产品,即包括产权式度假公寓、高端居住小镇、别墅、养生社区等,可将其概括为两大类:原有城镇居民居住地产、外来游客居住地产。这类房地产多在旅游综合体内,兼有第一居所和第二居所功能。

(四)综合配套区

综合配套区是旅游综合体综合发展的重要支撑,它指的不是旅游综合体内的旅游休闲配套——高尔夫球场、度假酒店群等高级设施,而是服务于旅游产业和旅居度假区居民需求的生活配套和公共服务。综合配套区针对旅游产业的产业配套包括金融、医疗、教育、商业等;针对居民的公共服务除了包括产业配套外还需包括超市、邮局、菜场、大型商场、教育设备、行政服务等。

(五)产业支撑区

产业支撑区是旅游综合体带动区域综合发展的主要形式,它是以核心吸引区、休闲聚集区、旅居度假区为主体,旅游产业在其周边区域特色延伸,从而构建出的一系列项目,并形成辐射或组团分布。这些特色产业包括养生养老产业、观光与休闲农业、绿色加工产业、文化创意、康体理疗、绿色加工等。产业支撑区的发展的特征是可能性空间很大,且业态丰富。

(六)运营管理中心

运营管理中心是旅游综合体的软件系统。它是对上述五大系统的支撑,贯穿于五大系统之中。由于旅游综合体不同于传统旅游景区也不同于一般的住宅地产,是一个由多元产业组成的聚集区。因此,其运营管理具有很大的复杂性与挑战性。具体来说,旅游综合体的运营管理系统主要包括四个部分:一是对旅游经营的运营管理以提供优质旅游经营服务,二是对旅居度假的运营管理以提供物业管理和后期经营,三是对产业延伸区的运营管理以培养产业和产业延伸,四是对综合配套区的运营管理以维护各项配套的正常运营。

四、云南旅游综合体开发的对策建议

(一)制定整体规划,优化业态布局

旅游综合体是综合性强、开发投资较大,历时较长的项目。若开发前期的规划工作没有做好,那么必然会引发后期的开发和运营问题。因而必须在最初阶段进行有深度、高水平的整体规划,解决旅游综合体的战略与定位,提出符合当地特色的项目核心驱动力、产业配比以及空间分割。

第一,引导多方参与规划,制定合理整体规划。旅游综合体的开发涉及多个利益主体包括政府、开发商、当地居民。因此旅游综合体的规划必须听取多方意见,在详细的市场分析的基础上,对旅游综合体的开发进行市场定位、整体规划布局。通过引入专家学者、旅游规划设构参与规划设计,使规划具有专业性、可操作性、前瞻性,并突出旅游综合体的独特魅力。

第二,优化旅游综合体内部业态的空间和功能布局。旅游综合体最突出的特点之一就是配备多功能旅游业态,给旅游者带来极大的便利和效能。然而多元化业态事实上并不是要求面面俱到,而应该是迎合市场消费整体的需求或是抓住当地产业特色,选择出一个或几个主要的核心业态,并且围绕这个核心业态,打造出一系列能够相呼应的、互相融合的辅助业态。这样才能有助于突出特色,实现旅游综合体的整体运营和可持续性发展。

(二)注重产业延伸,完善运营模式

打造产业延伸是旅游综合体开发的核心环节之一。它是以旅游基本要素为依托进一步发展体育、医疗、养生、休闲等延伸产业,形成完整的产业链体系,最终实现旅游产业与工业、农业、创意、文化等产业的联动融合,最终实现土地增值的落实和区域内经济的发展。那么旅游综合体要想解决运营模式单一问题就可以从推进旅游产业的创新能力、加强产

业延伸发展入手。具体做法是应该以区域周边产业为导向,因地制宜地延伸产品,实现旅游产业与其他产业的融合,形成休闲地产、特色农业、文化创意产业、旅游产品加工业等多种形式的运营模式,缓解单靠休闲地产盈利带来的运营风险,实现旅游综合体的可持续发展。旅游综合体与当地特色产业延伸开发的过程,实际上就是延伸其收益链的过程。至于选择与何种产业联动整合,这就应取决于旅游综合体所在地周边拥有的产业。以昆明的七彩云南花之城为例,它作为典型的休闲购物型旅游综合体,以休闲购物为核心功能,将旅游业与当地花卉产业相融合,延伸出特色酒店、创意文化、观光与花卉培育等特色产业,打造了植物护肤体验中心、花卉主题温室、单体酒店、云南最大的花卉市场等项目。在云南旅游房地产泛滥的情况下,七彩云南花之城抛开单纯依靠旅游房地产盈利之路,依托昆明特色花卉产业,发展相关产业融合,创造出花园式旅游综合体的发展道路。

(三)加强政府的政策支持和制度管理

规模大、时间长、投入多的旅游综合体开发是离不开政府的帮助和支撑的,但同时又由于其业态复杂,与其关联的企业众多,如果不加强相应的制度规范化管理就很容易使得项目走偏,出现一味地产的开发抢占旅游资源的现象,同时造成当地旅游资源的浪费、环境的恶化。

1.制定推进旅游综合体发展的优惠政策

政府应该合理规范地提出促进旅游综合体建设的支持政策和优惠政策。就云南省而言,应该争取国家有关部门对休闲型旅游政策的支持,创新财政旅游投入机制,通过政府引导性投资,带动旅游综合体的基础设施和公共服务平台建设。在建设用地上,应该积极争取国家支持云南省实现差别化旅游产业土地利用政策,适当增加云南旅游重大项目建设用地,适度放宽旅游综合体开发建设用地限制,对旅游综合体用地中的建设用地、景观绿化用地等进行类别区分,并在供地和建设方面给予区别对待,为旅游综合体的开发提供用地上的优惠政策。

2.强化对旅游综合体开发的制度管理

从增强旅游综合体开发规划的法律效力入手,重点抓好其建设规划的前期审查和执行监督两个关键环节。一方面,要明确将旅游综合体项目建设规划审查作为项目立项审批的前置条件,强化对旅游综合体项目建设规划的前期审查工作,避免其不合理开发目的性问题的出现;另一方面,要强化对旅游综合体项目建设规划的执行监督,明确对已经审查通过的旅游综合体项目建设规划,不得擅自进行调整、变更和修改,以杜绝和防止出现旅游综合体项目建设内容与规划要求不符的情况,出现后期项目走偏的问题。

(四)引进专业人才,提升旅游服务质量

各行各业的发展都离不开专业性人才,旅游综合体的开发也是如此。人才的素质决定了旅游产品的质量,也决定了旅游综合体的运营成败。目前,云南旅游综合体发展较快,但是专业性人才短缺、旅游服务人员素质较低的问题十分突出。那么最直接解决这一问题的对策是加快专业人才引进工作,构建高水平的人才体系,同时加强当地旅游人才的培训,提升旅游服务质量。

1.引进优秀专业性人才

积极学习借鉴旅游发达国家在综合体开发建设、经营管理、服务理念和方式上的先进经验,制定旅游人才引进优惠政策,引进一批具有国际视野、熟悉国际惯例和服务标准的旅游人才,不断强化旅游综合体的专业性。让旅游综合体的开发做到流畅管理组织、有效的沟通,真正实现各项功能的高效复合,满足游客的各项需求,以提升旅游服务质量。

2.加强旅游人才的培训力度

本着"先引进,后培养"的原则,必须加强对该区域内现有旅游人才的培训。培训内容可针对不同岗位与不同层次进行有针对性地培训,其内容应该包括各种专业技能培训和职业道德与规范、职业态度、安全知识和环境保护意识等基础技能培训。同时政府应积极引导和支持旅游人才参与旅游综合体开发项目的实践,培养出实用型、技能型旅游人才。

(五)深化国际旅游合作,扩大旅游综合体旅游市场

云南省地处西南边陲,邻近南亚、东南亚,与缅甸、老挝、越南等东盟国家接壤,独特地理位置使其成为我国面向西南的桥头堡。应当充分利用云南所处的地理位置优势,不断深化云南与东盟各成员国在旅游领域的交流与合作,积极扩大云南与东盟各国或地区的旅游合作范围,逐步消除东盟各成员国或地区游客与云南游客进行密切往来的多重过境障碍,提高云南的国际旅游市场占有率,将云南省打造成为国际旅游目的地的同时,还为云南旅游综合体走出国界、走向世界做着很好的宣传。此外,还应加强云南与其他旅游组织之间的多方国际旅游交流,如亚太旅游组织、国际旅游组织,不断加强国际旅游综合体之间的旅游信息交流与合作,同时实现旅游信息互通、旅游资源共享的双赢局面。

第二节 珠三角区域经济发展模式分析及路径创新研究

珠三角作为我国经济最发达的地区之一,对全国经济社会发展起着重要的带动、示范作用,其发展模式引起全国的关注。当前珠三角正处在经济结构转型和发展方式转变的关键时期,在新形势下,原有的经济结构需要调整和转型,原有的发展模式需要补充和创新。因此,研究珠三角区域空间结构、探索珠三角经济发展新模式及实现路径,对于贯彻落实《珠江三角洲地区改革发展规划纲要》,实现珠三角地区经济社会的跨越式发展,具有重要的理论价值和现实指导意义[①]。

一、珠三角区域空间结构与发展模式分析

区域空间结构是区域经济的一种重要结构,它是区域经济客体在空间中的相互联系和作用而形成的空间组织形式。区域空间结构的基本要素包括点、线、面。因此,在研究区域经济发展模式时,必须考虑区域空间的结构问题。根据珠三角经济发展实际,大体有以下几种模式。

(一)增长极带动型

在空间结构中,"增长极"代表区域空间的点,即城市。根据"增长极"理论,现代经济的集聚体(城市)能够产生强大的吸引、扩散或辐射作用,以此来推动周围城市或地区的经济增长,这些集聚体称之为"增长极"。结合珠三角城市经济发展实际,大概可分为四个层次。

1.中心城市

广州是省会城市,定位为"国家中心城市"。从区位优势和历史上

---

①万心月.珠三角高技术产业集聚对经济增长的溢出效应[D].成都:四川省社会科学院,2020.

看,广州历来是一个辐射华南、影响东南亚的大都市;深圳是我国最早成立的经济特区之一,经济实力在全国名列前茅,被定位为"全国经济中心城市"。因此珠三角地区要以广州、深圳为中心,充分发挥它们的辐射和扩散作用,使它们成为带动整个珠三角地区经济发展的强大引擎。

2.区域中心城市

珠海是我国五大经济特区之一。《珠三角地区改革发展规划纲要》指出要把珠海培育为"区域中心城市",并将其建设成为珠江口西岸交通枢纽与核心城市。随着港珠澳大桥正式动工,以及横琴岛的开发,广珠城际铁路的开通,海洋工程装备制造基地、航空产业园等大型重点工程建设,珠海的区位优势将更加明显,具有很大的后发优势和发展空间。

3.较大城市

所谓较大城市是指城市规模、综合实力较强,在区域经济发展中有较大影响力的城市。除中心城市外,目前珠三角称得上较大城市的有东莞、佛山。在经济社会发展方面,佛山市正在乘"广佛同城化"的东风,大力发展壮大地区经济。具有"世界工厂"称号的东莞市正在谋转型,决心实现第二次经济腾飞。

4.接受辐射的城市

《纲要》称它们为节点。珠三角中,经济基础相对薄弱的城市是惠州、中山、江门和肇庆市,它们是受到港、澳、深、穗(将来还有珠海)吸引和辐射的地区。

总之,在"增长极"产生和发展过程中,广州、深圳由于受香港的辐射和自身具有的区位优势,率先发展为中心城市,它们通过其扩散效应使其影响力辐射珠三角腹地。在港、澳、深等城市的共同推动下,东莞、佛山、珠海等城市发展为综合实力较强的城市。在击鼓传花的效应下,惠州、中山、江门、肇庆的经济也较快发展起来。

(二)点线连接型

点线连接是增长极模式的延伸和发展。在空间结构中,所谓线是指经济活动中在地理空间上进行经济联系的通道、系统和组织,既包括交通线,也包括由一系列线型分布的城镇,称作轴线。从珠三角地理位置来看,大致可分为珠江口东岸地区和西岸地区两大块。东岸地区主要包括深圳、东莞、惠州,西岸地区包括佛山、中山、江门、珠海、肇庆,广州地

跨东西两岸。具体情况如下。

1.东岸地区各点连线

该地区的主要交通线有：广深铁路，广深、广惠、莞深等高速公路。从广州至深圳的公路主要有两个方向：一是广州、东莞、深圳（经新塘、虎门、长安等镇）；二是广州、惠州、深圳（经增城、博罗、龙岗等县区）。

2.西岸地区各点连线

广珠城际轨道把广州、番禺、顺德、江门、中山、珠海连线成一条直线，从广州至珠海只需约50分钟。随着广珠城际铁路的建成，珠海居住，广州上班已不是梦想。此外，西岸地区境内高速公路纵横，交通便利，四通八达。由此可见，重要交通干线的建立，使沿线地区的人流、物流、资金流和信息流迅速地增长，原来各点再不是孤立的点，进而形成有利的区位条件和投资环境，吸引产业和人口向交通沿线聚集，使交通沿线连接地区成为经济增长点，沿线成为增长轴，形成"点线一体"的极化地带。

（三）经济圈网络型

经济圈网络型是区域发展的高级形式。所谓网络是指区域空间内相关的点和线相互有机的联结，它是点与线的载体。珠三角内的经济圈是指圈内各城市的经济社会一体化，也就是城市群。2009年4月，广东省作出关于"贯彻实施《珠三角改革发展规划纲要》的决定"，提出要以广州、佛山同城化为示范，积极推动广佛肇（肇庆）、深莞惠（深圳、东莞、惠州）、珠中江（珠海、中山、江门）经济圈建设，加快区域经济一体化进程。联系珠三角实际，三个经济圈主要具有以下几个特征。

第一，经济社会文化联系密切。如：在历史上，广佛两地曾经都隶属南海、番禺两县管辖，相同的历史文化，成为广佛同城的重要基础。

第二，交通对接。例如：广佛城际铁路、广珠城际铁路使广佛两地实现了公共交通无缝对接等。

第三，经济互补。例如在广佛肇经济圈，广州、佛山两地产业错位发展，广州的服务业与佛山的制造业优势互补。经济相对落后的肇庆则承接广佛两市产业转移和劳动力转移。深莞惠经济圈也是互补关系。此外，还有文化教育、环境保护、资源能源、社会保障、科技与人才方面的合作。

（四）产业梯次转移型

根据梯度推移理论,区域经济的盛衰主要取决于它的产业结构。如果地区产业结构优化,由处于成长阶段的朝阳产业组成,则这个地区就能保持持续发展势头。反之,地区产业结构不合理,就会出现经济增长缓慢甚至倒退现象。该理论还告诉我们:包括新产品、新技术和新的管理方法在内的创新活动大多都从高梯度地区开始,然后按顺序逐步由高梯度地区向低梯度地区转移。

根据广东省和珠三角地区产业结构实际,梯度的划分一般可以分为三个层次:①珠三角内广州、深圳为高梯度地区;②珠三角内东莞、佛山、珠海、中山、惠州、江门、肇庆为中梯度地区;③粤东、粤西、粤北为低梯度地区。因此,珠三角地区的中心城市或较大城市应发挥辐射服务和带动功能,促进高梯度地区的产业和劳动力向低梯度地区"双转移"。"双转移"也可以分为两个层次:①珠三角内相对欠发达的市利用港、澳、深、穗等中心城市的辐射和带动,承接其产业和劳动力转移,吸纳生产要素的集聚,促进自身的经济发展;②粤东、粤西、粤北地区承接珠三角地区的产业和劳动力转移,形成新的产业集群,加快区域经济的发展,培育新的经济增长极。

（五）特区（新区）试验型

它在区域发展链条中起特殊作用。深圳、珠海是我国最早成立的经济特区,是我国对外开放的"窗口",承担着改革"试验田"的历史使命。值得注意的是新成立的"横琴新区"将在新的一轮改革开放中充当重要角色和发挥作用。

横琴新区与其他新区不同的是在"一国两制"下探索粤港澳合作的新模式。开发横琴,有利于吸引更多的国际高端资源集聚,有利于增强珠海的整体经济实力,提升其核心地位,共同培育珠澳国际都会区。其亮点是:①政策宽松。《规划》将横琴纳入珠海经济特区,实行特区政策。②管理模式大胆创新。在管理模式上建立两层机构,一站式服务。在通关制度上,对横琴与澳门之间的口岸实行"一线管理",横琴与内地之间的口岸实行"二线管理"。

(六)经济与生态和谐发展型

经济与生态和谐发展型是区域发展的最高形式。珠三角在建设生态城市方面,先有珠海模式,后有增城模式。多年来,珠海走一条与珠三角其他城市不一样的发展道路,始终坚持城市发展不以牺牲城市环境为代价,坚持把建设现代化花园式海滨城市作为目标,并取得了显著成绩。到了珠海仿佛进入一座花园,真正做到山、海、林、城之间的和谐共处,被誉为"世界最适宜人类居住的城市之一"。增城为广州辖下的一个县级市,近年来增城以科学发展观为指导,创造了建设"三大主体功能区"的独特发展模式,即:南部为先进制造集聚区;中部为国际化生活与文化产业区;北部自然风光秀丽,定位为限制工业开发的都市农业与生态旅游区。在建设功能区基础上,增城又在全市范围内实施全区域公园化战略。"三圈"互动互补,推进增城走上工业发展、城市建设与生态环境保护良性融合的科学发展之路。

二、路径探索与模式创新

(一)加强区域成员紧密合作,适时增加新成员

为了实现珠三角经济一体化,区域内九个成员要进一步加强合作并扩大合作地域范围。主要从以下四个方面进行。一是明确合作的目的。珠三角九市要打破行政体制障碍,坚持政府推动、市场主导、资源共享、优势互补、协调发展的原则,通过建立互利共赢的合作机制,优化区域内资源配置。二是扩大区域内合作领域。主要从交通基础设施、资源和能源、产业转移、资本市场、现代物流、科技和人才、生态环境保护等方面加强合作。要以广州和佛山同城化为突破口,以交通基础设施一体化为切入点,积极稳妥地推进珠三角经济一体化。三是建立城市联盟。城市联盟又叫组合城市,都市圈。当前珠三角的三个经济圈实际上就是一种城市联盟形式。各城市联盟要建立定期协商机制,实现交通、产业、科技、人才、环保等方面的对接。四是适时增加新成员。随着珠三角地区经济快速发展,原有的各种生产要素(如土地、资源、劳动力)日趋缺乏,因此需要及时补充新成员,扩大珠三角战略纵深。

(二)增强镇一级实力,进一步发挥扩散效应的作用

如前所述,珠三角增长极模式可为三个层次,即:中心城市、较大城

市(含区域中心城市)、受辐射带动城市。随着珠三角增长极的极化效应、扩散效应的不断增强,空间结构的第四层次"镇级市"将浮出水面并提到议事日程。对此,建议在珠三角部分地区设立"镇级市"。理由是:部分镇的经济实力已超出内地县市,同时也是体制改革的需要。

(三)利用联合开发、租赁等形式,充分发挥内外两个积极性

一是利用外资、港澳资联合开发;二是加强与泛珠三角地区合作。特别要加强与广东相邻的湖南、江西和广西的合作。根据广东省和珠三角地区毗邻港澳、海岸线较长、港口较多等优势,建议吸引内地省份的资金技术来广东建设港口,港口附近还可建临港工业园区。

综上所述,在新形势下,广东及珠三角面临严峻挑战和重大机遇。因此,珠三角一定要充分利用自己独特的区位优势,及时调整经济结构,大胆创新经济发展模式,继续发挥对全国的辐射和带动作用,使珠三角区域经济发展再上一个台阶。

第三节 长三角区域经济发展的空间结构分析

一、概况

中国长三角地区是我国规模最大、实力最强、密度最高的城市群,形成了区域性制造业、金融和贸易中心,并形成了一个以上海为中心,以江浙为两翼的长三角城市体系。Krugman(1991)的"中心—外围模型"和Taka-toshi Tabuchi 在 Krugman 模型的基础上建立的一般均衡模型,都提出了城市体系的分散—集聚—再分散的生命周期。因此,从空间经济学理论角度来看,一个区域经济的发展会经历从单中心到多中心的过程。但是国内很少有资料进行实证分析,探索区域经济发展的阶段历程。笔者利用长三角近几年经济发展的相关数据进行实证分析,从空间经济学的角度描述长三角单中心—多中心的经济发展趋势,在此基础上对其未来区域经济一体化发展提出一点浅薄的建议。

二、长三角经济发展的增长中心和增长极

增长极概念由法国著名经济学家弗朗索瓦·佩鲁于1950年在其著名论文《经济空间:理论与应用》中提出。他认为增长中心偏重于作为增长中心的地区的增长,增长极则侧重于作为增长极的地区对广大地区发展的带动作用。从长三角发展的历程来看,上海作为长三角经济发展的增长中心应该是毋庸置疑的。可是,上海是否也同样是长三角的增长极呢?

在长三角区域中,各个地区的发展是相互影响的,因此可以用场论中的引力势理论来分析相关地区之间的影响程度。一方面,一个地区因其本身的经济发展会对其他地区产生扩散效应;另一方面,周围其他地区的经济发展也会对该地区产生扩散效应。

上海的城市综合地位最高,因此可以认为上海既是长三角经济发展的增长中心,也是长三角的增长极。上海的综合竞争力遥遥领先于其他城市,对周边城市的扩散效应突出。上海是沿海城市,具有贸易地理优势,同时上海也是中国的金融大都市,市场环境比较成熟,国内外的企业都热衷投资于上海,规模大的企业自身可以实现规模收益递增。而企业的集中又带来了外部经济、上下游的关联效应、共享的劳动力市场等,高科技企业之间知识的溢出节约了人力、物力和财力,提高了生产效率,这种循环累积因果的互利关系促进了上海经济的高速发展。

在空间经济学理论中,一般认为,运输成本、规模收益递增和关联效应是产业集聚的三大主要决定因素。从这个角度出发,我们可以认为距离上海越近的地方,其产品和要素的运输成本越低、实现规模收益递增的可能性也越高,因此集聚的程度也就越大,该城市在整个区域中所处的区位也就越好。从这个意义上说,以上海为中心,临近上海的几个城市如苏州、无锡、宁波、南通和嘉兴都具有明显的区位优势,而两座省会城市,与上海这个经济增长极距离较远,受到的辐射和扩散效应较小,经济地理地位和政治地位的重要性有些偏差。其他几个城市,如湖州、扬州、泰州和镇江,大多都因地处长三角经济区域,受周边城市的辐射影响,有较好的相对地位,但它们的自身实力仍有待大力提高[1]。

①王芬芬. 长江经济带旅游产业与区域经济的耦合协调发展研究[D]. 江西财经大学, 2020.

三、长三角经济发展的趋势——从单中心到多中心

大量研究和事实表明,随着上海城市规模的不断扩大,土地和劳动力成本迅速上升、生活费用上涨、交通拥塞等问题带来了环境、健康、教育等生活质量的下降。城市的这些外部成本在相当程度上不由企业和个人承担,使城市过度膨胀而超过合理规模,造成资源配置恶化,这就是发展中国家经常面临的"城市博"问题。

因此,我们在认识到上海作为长三角经济发展增长中心和增长极的基础上,为了维持长三角区域经济的可持续发展,必须充分发挥长三角其他次级中心城市的作用,促成长三角经济发展从单中心到多中心的合理转移。

（一）上海作为长三角经济增长极和经济增长中心,应加强其综合功能,在实现其自身持续快速发展的同时促进其他城市的发展

1.加快产业结构调整,提高城市的"硬"竞争力

作为一个人口稠密、土地利用率极高的特大城市,上海是否具备产业结构调整中的"吐故纳新"机制,将城市中的传统产业转移出去,腾出空间来发展技术含量较高的新兴产业是增长极生长的关键。现在上海仍保持了六大支柱产业,占工业总产值比重较大的两个行业是电子及通信设备制造业、交通运输设备制造业,科技含量较高。说明上海正在积极调整产业结构,但比重还较小。

2.加强上海城市文化的培育和发展,提高上海城市的"软"竞争力

上海近代以来一直是亚洲的著名城市,海派文化底蕴深厚、形象鲜明,在长三角文化圈中独树一帜,并且与长三角吴越文化有相当好的兼容性和感召力。加强上海城市文化建设,不仅能够提升上海的国际竞争力,而且是全面联系和团结区域内城市的重要纽带。

（二）增强区域内次级中心城市经济实力,提升其在各自范围内的集聚、辐射能力,确定城市功能特色,促进城市功能的互相衔接

目前长三角城市间存在生产力布局重复、产业结构趋同严重和城市间分工不明确的现象。因此,各城市的发展要求合作,只有通过合作,才能有效解决这些问题,才能真正实现优势互补,资源共享。当然也要鼓励适度竞争。没有竞争,同样也会带来资源浪费、效率低下等问题。在发展中处理好各城市之间的竞争与合作问题,是提高产业规模和效率,

提升长三角地区整体竞争力的根本之路。现在,上海工业化已进入成熟期,产业结构升级在不断加快。江苏、浙江两省正处于工业化高速发展期,两省对上海转移出来的产业具有较强的吸收与承接能力,有较大的发展空间和潜力。

(三)长三角区域经济一体化程度的提高有赖于为区域内的社会经济交流提供更加便捷的交通条件

在长三角大交通体系规划中,京沪高速公路、宁杭高速公路、苏嘉杭高速公路、新长铁路和润扬大桥、京沪高速铁路、沪杭高速铁路,以及苏通大桥、崇海大桥等交通网络的形成,"3小时经济圈"让原来相互割裂的行政区域逐渐成为真正的经济区域。

第四节 京津冀经济圈的协同发展研究

京津冀协同发展是习近平总书记亲自谋划、亲自决策、亲自推动的重大国家战略。在习近平总书记关于京津冀协同发展重要论述的指引下,在京津冀协同发展领导小组的领导下,京津冀三省市履职尽责,各有关部门大力支持,各项工作取得积极进展①。

京津冀协同发展进入爬坡过坎、攻坚克难的关键阶段。要进一步深入学习贯彻习近平总书记关于京津冀协同发展的重要论述,推进各项工作落地见效。推动京津冀协同发展,是以习近平同志为核心的党中央在新的历史条件下作出的重大决策部署,是习近平总书记亲自谋划、亲自决策、亲自推动的重大国家战略。

党的十八大以来,习近平总书记多次赴京津冀三省市视察,2014年2月26日,习近平总书记在北京视察工作时发表重要讲话,全面深刻阐述了京津冀协同发展的重大意义、推进思路和重点任务。2019年1月16日至18日,习近平总书记赴京津冀三省市视察工作,主持召开京津冀协同发展座谈会并发表重要讲话,充分肯定京津冀协同发展战略实施以

---

①荣金芳.京津冀经济圈与山西区域经济协同发展研究[J].企业科技与发展,2018(11):34-35.

来取得的显著成效并提出了六个方面的要求。

伟大征程,始于坚定目标,成于不懈奋斗。一直以来,京津冀三省市深入学习领会习近平总书记关于京津冀协同发展的重要论述所蕴含的深邃思想,切实提高政治站位,自觉从党和国家事业发展全局的高度来认识京津冀协同发展战略,深刻把握推进这一重大国家战略的核心要义、战略目标和基本方法,统筹做好区域顶层设计,凝聚发展共识,强化责任担当,加快推动京津冀协同发展向广度深度拓展。

一、深刻领会习近平总书记关于京津冀协同发展的重要论述

疏解北京非首都功能是推进京津冀协同发展的核心要义。京津冀协同发展的出发点和落脚点,就是要解决北京"大城市病"问题,为全国乃至世界治理"大城市病"提供"中国方案"。要通过疏解北京过多的非首都功能,破解因大量人口集聚带来的交通拥堵、资源过载、污染严重等矛盾和问题,优化调整空间布局和经济结构,走出一条人口密集地区优化发展的新路子。疏解北京非首都功能需要跳出北京看北京,从更大的空间格局来统筹谋划和协调推进,要按照"多点一城、老城重组"的思路,构建北京非首都功能疏解格局。

党中央、国务院设立雄安新区,就是要打造承接北京非首都功能疏解和人口转移的集中承载地,与北京城市副中心共同形成北京新的"两翼",同时以疏解为契机推进北京老城重组,提高城市精细化管理水平。

打造引领高质量发展的重要动力源是推进京津冀协同发展的战略目标。我国经济发展的空间结构正在发生深刻变化,中心城市和城市群正在成为承载发展要素的主要空间形式。京津冀地区区位优势显著,创新要素集聚,综合实力较强,要坚定不移推进高质量发展,加快破除制约协同发展的体制机制障碍,打破利益藩篱;拓展对内对外开放的广度和深度,以开放促合作,以开放促协同;建立健全区域创新体系,推动形成京津冀协同创新共同体,打造引领全国高质量发展的重要动力源。

坚持"三地一盘棋"是推进京津冀协同发展的基本方法。推进京津冀协同发展,要把三省市看作一个整体,统筹做好区域顶层设计,明确各地功能定位,充分发挥各自比较优势,调整优化区域生产力布局,创新合作

模式和利益分享机制,加快推进基础设施互联互通、生态环境联防联治和公共服务共建共享,在有序疏解北京非首都功能中实现区域良性互动,促进三省市错位发展、融合发展、协同发展。

二、推动京津冀协同发展取得积极进展

加强顶层设计,协同发展规划体系基本形成。党中央、国务院印发实施《京津冀协同发展规划纲要》,全国首个跨省级行政区的京津冀"十三五"规划随之制定、推进实施,正在研究编制京津冀"十四五"规划,土地、产业、水利等 12 个专项规划全部出台实施,基本建立起目标一致、层次明确、互相衔接的协同发展规划体系。

牵住"牛鼻子",疏解北京非首都功能积极稳妥有序开展。控增量、疏存量相关意见和配套政策出台实施,北京市新增产业禁限目录严格落实,2014 年以来累计不予受理业务超过 2.2 万件,累计退出一般制造业企业约 3000 家,市场和物流中心超过 600 个。人口调控机制不断完善,北京市常住人口自 2017 年以来连续三年下降。

打造北京新的"两翼",雄安新区和北京城市副中心高标准高质量规划建设。雄安新区 1+N 规划政策体系基本建立,从规划转入开工建设阶段,雄安高铁站等 67 个重点项目全部进场施工,白洋淀湖心区水质由劣 V 类转为 IV 类。北京城市副中心控制性详细规划批复实施,第一批北京市级机关搬入副中心挂牌办公。北京市通州区与河北省三河、大厂、香河三县市协同发展规划批复实施。

聚焦重点领域和重大项目,交通、生态、产业实现率先突破。"轨道上的京津冀"正在形成,北京大兴国际机场正式投运,天津港降费提效持续推进。生态环保联防联控联治不断加强,2019 年京津冀 13 个主要城市 PM2.5 平均浓度比 2013 年下降约 53%。北京现代汽车沧州第四工厂等跨区域重大产业转移项目建成投产,京津冀累计压减钢铁过剩产能超过 1.7 亿吨,水泥约 8000 万吨。

着力增强人民群众获得感,公共服务共建共享取得明显进展。教育合作不断加深,三省市基础教育资源共建共享和学校交流合作深入推进,成立 12 个高校创新发展联盟和 7 个高校协同创新中心。医疗卫生协作紧密,持续推进双向转诊和检查检验结果互认,组建跨区域医联体,

启动异地就医门诊直接结算试点。京津 19 个区与河北省贫困县开展对口帮扶,河北贫困地区脱贫步伐进一步加快。

强化改革创新,协同发展体制机制加快构建。京津冀全面创新改革试验 18 项改革举措基本完成,北京全国科技创新中心加快建设,建成国家重点实验室 117 家,中关村企业在津冀设立分支机构超过 7500 家,深化天津自贸试验区改革开放 128 项任务已完成 122 项。北京大兴国际机场临空经济区、天津生态城等先行先试平台加快打造,北京服务业扩大开放综合试点新一轮措施清单发布实施。

三、加倍努力推进京津冀协同发展迈上新台阶

坚持引导和倒逼相结合,推动北京非首都功能疏解取得突破性进展。加快制定出台疏解引导和倒逼政策,内外双向发力,持续推动一批北京非首都功能项目向雄安新区等地疏解转移。同时,以疏解为契机推动疏解单位进一步提高发展质量和效益。落实规划蓝图,高质量高标准建设雄安新区。推进实施雄安新区重点建设项目,推动形成塔吊林立、热火朝天的建设场面。组织开展规划执行"回头看",确保规划执行不走样。进一步完善雄安新区管理体制,切实做到"雄安事雄安办"。加强协同联动,促进北京城市副中心高质量发展。

落实好通州区与北三县协同发展规划,先行启动一批交通、能源、水利等领域重点项目。优化完善副中心配套功能,提高承载力。加强中心城区腾退空间管理使用,提高精细化管理水平。

强化重点突破,统筹推进相关领域工作。加强对接协作,推动建设一批跨区域交通、生态、产业、公共服务等重点领域工程项目。支持天津滨海新区高质量发展,加快张家口首都水源涵养功能区和生态环境支撑区建设。推进北京全国科技创新中心建设,健全京津冀科技成果转化链条和服务体系,改善区域营商环境。

加强督促协调,完善协同发展工作推进体系。加大对跨区域、跨领域、跨部门重大事项的协调力度,逐一抓好落实。深化区域形势分析研判和重大问题研究,有针对性地提出政策建议。加强新闻宣传和舆论引导,及时回应社会关切。

第五节 区域经济发展之振兴东北老工业基地

要振兴东北老工业基地,关键在于提高我国东北产业的竞争力。产业集群被证明是促进区域经济发展的一种行之有效的新方式,是区域经济发展新的空间组织形式。在经济一体化的大背景下,东北老工业基地只有在政府的全力扶持下,在培育和建立一个高质量的市场环境的同时,加强专业化分工协作,加快区域经济一体化步伐,培育有比较优势的主导产业和特色产业群,进而逐步实现东北老工业基地的全面振兴。

一、产业集群提升竞争力的经济学分析

在我国,产业集群主要指集中于一定区域内特定产业的众多具有分工合作关系的不同规模等级的企业和其发展相关的各种机构、组织等行为主体,通过纵横交错的网络关系紧密联系在一起的空间集聚体,代表着介于市场和等级制之间的一种空间经济组织形式。正如许多区域经济发展理论都是从现实发展中总结出来、对一些地区的经济发展产生过重要作用,产业集群理论也是如此。在市场经济不断向前推进的发展形势下,产业集群的蓬勃发展引起了人们的关注。随着认识的深入,人们逐渐把产业集群提升为一种新的区域经济发展理论。

(一)产业集群的区域品牌优势分析

集群内企业充分利用自身的区位、资源、物质技术基础、分工体系、生产与销售网络等,发展一地一品,相互集聚,为区域内形成专业市场提供了条件,而专业市场的形成又将推动集群内产业或企业的发展,所以集群企业与专业市场的相互依存是竞争优势的重要体现。企业集群利用群体效应,有利于区域性品牌的建立。集群内企业通过发挥群体广告效应,产生一批拥有良好形象和著名品牌的企业,形成"区域品牌"。"区域品牌"一旦形成,就可以为区域内的所有企业所共享。

区域性的品牌是众多区域品牌精华的浓缩和提炼,比单个区域品牌具有更广泛持续的品牌效应,即使单个企业的生命周期相对短暂,只要不是由于技术或自然资源等外部原因使企业集群衰退或转轨,区域性品

牌效应更易持久,进而增强区域品牌实力,逐步参与国际化竞争,走向国际化经营。

(二)产业集群的低成本优势分析

第一,生产、交易成本低。区域的资源禀赋不仅为集群内生产加工型企业提供了丰富的原材料,还可为服务型企业提供方便的交通运输和优秀的人才资源,有利于优化资源配置,降低生产成本,提高资源的使用效率。集群内企业间的距离缩短,不仅为企业带来基础设施共享的外部规模经济,而且有利于信息交流与传播和交易费用的降低。

第二,企业进入、退出成本低。集群内公共资源和完善的公共设施的共享,也减少了企业进入后所必需的外部建设投入。既降低了企业的进入成本,也降低了企业的退出成本,易于形成创业地集聚空间,完善了优胜劣汰的竞争机制。

第三,信息成本低。产业集群还可以解决信息不对称的问题,集群区域内企业相对集中,它与功能发达而完善的专业市场共存,使企业容易通过市场的变化灵敏地捕捉各种最新的市场技术信息,丰富人际渠道,将信息高效传播,使企业搜索信息的时间和费用大大节省,有利于企业的生产贴近市场甚至超前于市场。

第四,配套成本低。专业化经营是企业集群的一个主要特点,集群内部各种不同形式的专业化企业只是整个产业链中的一个环节,相互之间形成了高效的分工协作系统。由于这些企业处于同一区域,有利于降低企业之间的配套产品的采购、运输和库存费用以及人才招聘成本。

(三)产业集群的技术创新优势分析

由集聚带来的有效竞争压力,既加剧竞争,又成为企业竞争优势的重要来源。产业集群中聚集了大量的以专业化分工与协作为基础的同一产业或相关产业的各类企业、供应商、顾客、营销网络、政府或其他机构等,群体中的各行为主体,由于地理上接近,业务联系紧密,信息交流快捷,市场上任何一个具有潜力和市场前景的重大技术创新,集群内企业几乎都会同步吸纳消化这种创新成果,企业通过这种快捷学习和模仿实现自身的更新和升级,不断进行产品创新,并且由于集群企业之间密切的接触和比较,企业之间的竞争压力增强,使得产业集群内各企业及个人始终保持足够的创新动力。

随着集群区域的发展壮大,除生产企业集聚外,还汇集大量的服务企业及提供研究和技术性支持的机构,形成健全的服务体系,如管理咨询机构、技术开发机构、行业协会等,这些机构对加强技术的研发、交流和扩散,对区域内企业技术进步起到了重要的支撑作用。

二、东北老工业基地发展产业集群存在的问题

(一)产业链条短,整体竞争力低

目前东北老工业基地作为我国的重化工业基地,虽存在着一批国家重点企业,但大多数产业状态较为分散,各企业相互之间产业关联度较低,彼此间仅仅是一种简单的生产配套关系。先进的生产企业和落后的配件企业同时并存,地方的配套企业只能加工一些低附加值的加工件,大量的配套产品无法在本地配套,从而造成了东北地区的许多企业仅是空间上的集聚,致使产业链的延伸与对接程度较低,无法形成相对完整的产业链。例如东北老工业基地中汽车产业先进的整车、发动机厂和落后的配件厂同时并存,当市场需求出现变化时,经济缺乏转换能力,难以保持产业集聚快速、稳定、健康地发展[①]。

产业链条的不完整直接导致产业层次和产品竞争力的低下,下游产品精细加工不足。面对国内经济发展和市场总体环境的不断变化,如果不能根据装备工业和重工业产品的需求及时调整产业结构而进行产业升级和水平提升,就会造成高附加值、高技术含量的产品比重偏低,质量难以保证,无法满足市场需求,最终导致传统工业的优势地位逐渐丧失,从而对东北老工业基地传统产业集群构成巨大挑战。

(二)政府职能越位,投资环境深受影响

尽管东北地方政府在主观上意识到改善投资环境、转变政府职能的重要性,但一些行政管理部门为了维持生存和增收,受多种条件的限制,仍然通过收紧行政审批权、行政性收费等手段来改善财政收入和部门收入,增加了企业"经营成本",结果进一步恶化了投资环境。对于企业而言,特别是对于中央直属企业而言,受条块分割体制的影响,职能交叉、程序繁杂、办事效率不高。民营企业在投资中也受到诸如税务稽查、技术改造、项目融资、财政贴息和进入市场审批等方面的不平等待遇,关卡

①宋秋.振兴东北老工业基地路径浅析[J].现代经济信息,2019(10):478.

重重。造成的结果是：按投资额划定的分级审批制过于严格,限制了一批大型外商投资项目的投资建设。审批环节手续复杂,周期过长,无形中加大了竞争性项目的投资风险。这些以行政性审批为核心的投融资管理体制是政府职能的越位,是影响东北老工业基地集群形成的体制障碍。

(三)市场机制不完善,集群内结构比例失衡

东北老工业基地受计划经济影响,无论是企业的生产经营还是社会资源的配置,都带有较强的计划经济色彩,市场化程度不高。有关数据表明,东北地区的市场化程度总指数远远低于东部沿海地区,全国排名在后。究其原因,一方面在于科技成果转化率较低,科学技术没有与人、资本、产业、市场很好地结合,科技成果没有很好地进入工农业生产领域进而形成产业转化;另一方面在于产业技术的老化、工业企业装备水平的落后,有资料显示,产业技术水平比国际先进水平落后20～30年以上。大多数国有企业技术开发能力相当薄弱,很少能形成自己的核心技术。这些都直接导致现实经济优势难以形成,从根本上扼制了企业的生产和发展。

在市场机制不完善的同时,产业集群内部的组织结构也不尽合理。首先,工业体系内部,重工业比重大,轻工业比重小,最终导致产业集群的适应性较差。其次,就东北老工业基地产业体系总体而言,第二产业的增加值所占的比重同全国其他省市相比较高,而第三产业的增加值所占的比重偏低,产业结构很不合理。例如,黑龙江省的产业集群大多属横向产业集群,集群内的企业之间没有形成产业化分工与协作机制,大多数的企业与集群内部的其他企业联系较少,分工和专业化不明显,这样的集群难以形成合力,竞争优势不能得到充分发挥,不利于产业集群的良性发展和竞争力的提高。

三、东北地区发展集群经济的对策

(一)充分发挥政府职能,加大政府引导

在开放的市场经济体系下,生产要素会更多地流向市场环境和政府服务好的地区。地区间的竞争就是政府能力和效率的竞争。中国产业集群的发展有一个显著的特点,就是中国处于计划经济向市场经济过渡

时期,政府的作用比较特殊,需要充分地发挥政府作用为企业发展提供必要的服务。这时企业缺少的是新的体制和机制,新形势下老工业基地的调整、改造和复兴,就是政府转换职能、企业转变体制和机制的过程。但政府只能是宏观的引导和服务,而不是直接干预企业的经营活动。

政府可以通过各种产业政策促进集群的发展,维护集群的秩序,为产业集群的发展营造良好的市场环境。一方面,引导共同的中介服务机构参与集群发展,使企业通过协作获得外部规模经济和外部范围经济的基础。各类中介组织亦是产业集群发展中不可或缺的行动主体之一,也是产业集群效应发挥的因素。因此,政府需要鼓励并引导这些中介组织参与集群的发展。

在振兴东北老工业基地过程中,尤其要引导东北地区具有优势的众多的科研院校参与产业集群的发展,实现产学研有效结合,建立有利于产业集群形成和发展的研发网络和交流网络,从干预型政府向服务型政府转变;另一方面,在支持集群形成方面,对可以实现集群化发展的产业通过提供优惠政策、定期举办产品会展以及实行联合经营等措施,进行有效地引导和疏通,对不能实现集群化发展的产业,不要盲目地建立工业园区。在吸引区域发展资金方面,政府要积极争取资金,适当地放宽融资条件及比例限制,有计划地引导民间资本的流向,加大自主研发投入力度,加快设备更新。

(二)培育高效宽松的市场环境

东北老工业基地要走产业集群的道路,关键是要培育和建立一个高质量的市场环境。因为产业集群的形成和发展主要是由市场力量推动的,创新能力的增强也有赖于一个适宜的创新环境和市场,加快城市的市场化改革步伐,营造有利于产业集群形成的制度环境和市场环境是东北老工业基地的目标。无论是广东珠三角的外向型加工业产业集群还是浙江的特色产业集群,抑或北京中关村的高科技产业集群,都是在市场机制的驱动下自发地建立起来的。所以,东北老工业基地的调整、改造和振兴最急需的是开放且有活力的市场而不是投资项目。中央政府应大力支持,支持东北稀缺的市场要素的流动,如放松行政管制、帮助搞活金融、打通和拓宽对外开放渠道等。地方政府部门要把国有经济布局的战略调整和发展民营经济有机地结合起来,鼓励民营经济的发展,从而促进东北地区经济的结构性转变,带动东北地区工业技术结构升级,提高农产品附加值,推动农业产业化,实现三个产业的均衡发展,为产业集群的发展开创良好的市场结构。

(三)加强专业化分工协作,加快区域经济一体化步伐

集群经济的形成和发展是以经济区域为界限的,东北老工业基地的发展应勇于突破地方封锁和市场分割,统一协调各个地方的政府行为,在遵循市场经济规律的基础上,通过密切合作,实现经济结构优势互补,基础设施共享,经济政策协调统一,建立起东北地区要素自由流动的国内统一市场,谋求东北三省的共同发展与振兴,使集群经济能够在合理的经济区域内自然延伸与发展,最大限度地发挥集群经济的聚集和辐射效应。

分工和专业化是集群企业获得竞争优势的重要源泉。东北三省之间既有共性又各有特点,以国有企业为核心的三省工业,不仅所有制相同,支柱产业也接近,在相关领域具有分工合作的潜力。只要加强分工合作,加快产业链和资源整合,调整发展方向,通过深层次的专业化分工协作,以其小而专、小而精的优势为大企业提供配套服务,使产品、技术、劳动力、资本等要素自由流动,有利于提高资源优化配置,加快区域合理分工,提高资源使用效率。

从整个东北地区来看,制造业具有良好基础和发展潜力,针对东北制造业门类齐全、产品丰富等特点,建立初级农产品—产品初加工—食品、石油开采—初加工—精细化工产品等产业链。重点发展以黑龙江中国第一重型机械集团、辽宁的矿山设备、输配电及控制设备和船舶制造业、吉林的汽车及轨道客车制造业为主体的装备制造业集群。以"一汽"为核心,整合改造辽宁与黑龙江的汽车企业,形成全国最大的汽车生产基地。据此,要在明确整个东北地区重点产业的前提下,做好省区分工与行业分工;地区内各省市也要从实际情况出发,确定自己的优势产业,共建一体化的汽车、机械、电子工业基地。

(四)培育有比较优势的主导产业,发展特色产业集群

应当指出,东北老工业基地虽然重化工业份额较高,但多数城市主导产业并不明晰。由于专业化、社会化分工体系不清晰,导致重点发展方向不明确。鉴于此,东北老工业基地的改造不能走全方位发展的老路,而必须从实际情况出发,充分发挥各自优势,下功夫用高新技术改造传统产业,注重实行围绕主导产业和优势产品倾斜发展的新战略。为此,东北老工业基地应选择所占比重大、综合效益高、增长潜力大、能带动本地区经济增长、能推动产业结构升级、向高度化演进的优势产业,具体地说就是侧重于机床、航空、汽车、造船、发电设备等重大装备制造业及零部件工业,还有钢铁、化工、电子、食品、医药等行业以及部分能吸纳大量就业的劳动密集型产业,努力促成产业集群优势。

在立足优势产业的同时,应发展特色产业集群,这是增强地区竞争优势、推动地区经济发展的关键。当前我国产业结构的调整和升级,较高技术含量和附加值制造业的发展使东北地区迎来了重要的发展机遇,东北地区的主导产业即制造业通过企业改革、市场发育,形成新的专业化分工体系,实现由传统产业向市场经济意义上的特色产业集聚的转变,将高新技术和地方知识技能结合起来形成产业集群,可以最大限度地提高产业资源使用效率,从而形成较强的区域竞争力。

参考文献

[1]蔡之兵.高质量发展的区域经济布局的形成路径:基于区域优势互补的视角[J].改革,2020(08):132-146.

[2]丁生喜.区域经济学通论[M].北京:中国经济出版社,2018.

[3]方大春.区域经济学 理论与方法[M].上海:上海财经大学出版社,2017.

[4]付博文.“一带一路”倡议推动区域经济一体化[J].国际公关,2020(09):295-296.

[5]贾爱娟,李艳霞,曹明弟.区域可持续发展模式研究新解——绿色、循环、低碳三大模式的比较研究[J].科技创新与生产力,2011(09):19-25.

[6]刘斌.区域经济发展中地方政府管理创新路径解析[J].经济师,2020(08):118-119+122.

[7]刘秉镰,朱俊丰,周玉龙.中国区域经济理论演进与未来展望[J].管理世界,2020,36(02):182-194+226.

[8]刘英.区域经济与区域文化研究[M].兰州:甘肃人民出版社,2015.

[9]吕一清,邹洪,匡贤明.人力资本差异化影响区域经济增长的实证研究——基于新结构经济学视角[J].工业技术经济,2020,39(05):13-22.

[10]荣金芳.京津冀经济圈与山西区域经济协同发展研究[J].企业科技与发展,2018(11):34-35.

[11]尚勇敏.绿色·创新·开放 中国区域经济发展模式的转型[M].上海:上海社会科学院出版社,2016.

[12]生延超,张丽家.分工与区域经济协调发展:演进、路径与机理[J].湖南财政经济学院学报,2017,33(01):16-25.

[13]沈曦.论加快推动中国自由贸易区建设[J].现代商贸工业,2020,41(19):19-21.

[14]宋秋.振兴东北老工业基地路径浅析[J].现代经济信息,2019(10):478.

[15]孙久文.区域经济学[M].北京:首都经济贸易大学出版社,2017.

[16]孙久文.区域经济学 第3版[M].北京:首都经济贸易大学出版社,2014.

[17]唐国刚.经济区和行政区适度分离改革路径思考[N].四川日报,2020-05-25(007).

[18]唐丽君.区域经济发展研究[M].成都:电子科技大学出版社,2016.

[19]唐曙光.区域经济形势分析浅探[M].北京:中国发展出版社,2018.

[20]王芬芬.长江经济带旅游产业与区域经济的耦合协调发展研究[D].江西财经大学,2020.

[21]王红红.供给侧改革视角下区域经济治理制度研究[J].中国产经,2020(04):121-122.

[22]王继源,池剑峰.把握大趋势 推动我国重点区域经济一体化发展[J].中国经贸导刊,2020(12):59-62.

[23]王志文.中国区域生态经济发展战略模式研究[M].北京:经济日报出版社,2015.

[24]万心月.珠三角高技术产业集聚对经济增长的溢出效应[D].成都:四川省社会科学院,2020.

[25]吴一曦.我国区域经济学的发展趋势研究[J].记者观察.2018(36):119.

[26]肖金成.区域经济70年:从均衡发展向协调发展的演进[N].21世纪经济报道,2019-10-01(003).

[27]邢俊,翟璇,柯海倩.区域经济治理[M].成都:西南交通大学出版社,2017.

[28]徐琴.区域经济与国际贸易研究[M].北京:北京理工大学出版社,2016.

[29]杨涓海.云南旅游产业发展存在的交通问题及对策研究[J].旅游纵览（下半月），2019（05）:96-97.

[30]杨萍，刘子平，吴振方.产业能力、政府治理能力与区域协调发展[J].经济体制改革，2020（04）:107-114.

[31]曾勇惠.构建区域协调发展新机制[N].中国社会科学报，2019-12-27（005）.

[32]张春梅.区域经济空间极化与协调发展[M].南京:东南大学出版社，2017.

[33]钟章队.打造优势产业集群 助推区域高质量发展[N].人民政协报，2020-05-25（018）.